AF746430

DAVID B. ADLER

Die Anwendung und Durchsetzung US-amerikanischer Handelsbeschränkungen innerhalb der Europäischen Union

Die Anwendung und Durchsetzung US-amerikanischer Handelsbeschränkungen innerhalb der Europäischen Union

Wie schutzlos ist die EU?

Von

David B. Adler

Duncker & Humblot · Berlin

Bibliografische Information der Deutschen Nationalbibliothek

Die Deutsche Nationalbibliothek verzeichnet diese Publikation in der Deutschen Nationalbibliografie; detaillierte bibliografische Daten sind im Internet über http://dnb.d-nb.de abrufbar.

Fremddatenübernahme: Konrad Triltsch GmbH, Ochsenfurt
Druck: buchbücher.de gmbh, Birkach
Printed in Germany

ISBN 978-3-428-14983-4 (Print)
ISBN 978-3-428-54983-2 (E-Book)
ISBN 978-3-428-84983-3 (Print & E-Book)

Gedruckt auf alterungsbeständigem (säurefreiem) Papier
entsprechend ISO 9706 ♾

Internet: http://www.duncker-humblot.de

Vorwort

Die USA greifen zur Erreichung ihrer politischen Ziele schon von jeher auf den Erlass von Handelsbeschränkungen gegenüber Nationen, Unternehmen und Individuen zurück. Diese unilateralen Handelsbeschränkungen sind dabei vermehrt so ausgestaltet, dass sie extraterritoriale Wirkung beanspruchen, also auch von im Ausland ansässigen Tochtergesellschaften US-amerikanischer Unternehmen und in Teilen auch von sonstigen Unternehmen bzw. Dritten mit Sitz außerhalb der USA zu befolgen sind.

Gerade gegenüber den Ländern Iran und Kuba haben die USA über die letzten knapp drei bzw. fünf Jahrzehnte ein Dickicht an Handelsbeschränkungen entwickelt, das in Teilen nur schwer zu durchdringen ist. Die US-amerikanischen Behörden und Gerichte kümmert dies nicht. Sie haben gerade in der jüngsten Vergangenheit verstärkt Sanktionsverstoßverfahren gegenüber in der EU ansässigen Unternehmen für Verstöße gegen US-amerikanische Handelsbeschränkungen eingeleitet, deren Beendigung für viele Unternehmen mit Strafzahlungen in Millionen-, in manchen Fällen sogar Milliardenhöhe einherging.

Angesichts dessen verfolgt die Arbeit zwei Ziele. Einerseits soll sie einen Überblick über die unterschiedlichen extraterritorial zur Anwendung kommenden US-amerikanischen Handelsbeschränkungen gegenüber Kuba und dem Iran schaffen. Die Arbeit erhebt dabei keinesfalls den Anspruch der Vollständigkeit. Eine umfassende Darstellung und Analyse dieser komplexen Handelsbeschränkungen würde den Rahmen der vorliegenden Arbeit sprengen. Auch sei darauf hingewiesen, dass diese, nicht zuletzt aufgrund des jüngsten wirtschaftspolitischen Kurswechsels der USA gegenüber diesen beiden Ländern, permanent im Fluss sind und daher nur schwer aktuell dargestellt werden können.

Andererseits will die Arbeit die europäische Anti-Boykott-Verordnung (Verordnung (EG) 2271/96) wieder in Erinnerung rufen und aufzeigen, dass die EU – sofern sie sich weiterhin dem Sinn und Zweck der Verordnung verpflichtet fühlt und rasch eine inhaltliche Anpassung vornimmt – über ein wichtiges Instrument verfügt, um Unternehmen mit Sitz in Europa bei US-amerikanischen Sanktionsverstoßverfahren beizustehen und diese zukünftig besser vor diesen zu schützen.

Das Thema der Untersuchung entstand aus meiner anwaltlichen Praxis in der Sozietät Quinn Emanuel Urquhart & Sullivan, LLP; für die dort erfahrene Förderung danke ich insbesondere Dr. Nadine Herrmann, LL.M. (Sydney) und PD Dr. Thomas Werlen, LL.M. (Harvard). Für die Gelegenheit zu lebhaften Diskussionen und für seinen wertvollen Rat gilt mein besonderer Dank meinem Freund und Kollegen

Thomas Scherzler. Den wissenschaftlichen Mitarbeitern Peter-Jan Solka und Philipp Wippermann danke ich für die kritische Durchsicht des Manuskripts. Verbleibende Fehler sind allein meine.

Gewidmet ist die Arbeit meiner Frau, deren Bedeutung für mich nicht in Worte zu fassen ist.

Hamburg, im Mai 2016 *David Adler*

Inhaltsverzeichnis

„Under the D'Amato Act the President is not instructed to act as to keep US business in line with US foreign policy: he is instructed to act as a world policeman, imposing US law upon every person and every place on the planet. It does little to reassure those who think that many members of the US Congress do not understand international law at all, but see the world as one great federal State with the United States filling the role of the federal government."

Vaughan Lowe, U.S. Extraterritorial Jurisdiction, The Helms-Burton and D'Amato Acts, 46 Int'l & Comp. L.Q. 378, 386 (1997)

A. Problemfeld

Handelsbeschränkungen sind nicht allein Sache der Vereinten Nationen. Im Gegenteil, die bedeutendsten Wirtschaftsnationen bedienen sich allesamt eigener unilateraler wirtschaftlicher Sanktionen, um ihre nationalen Außen-, Sicherheits- und Wirtschaftsinteressen durchzusetzen. Handelsbeschränkungen zur Durchsetzung politischer Ziele zu verhängen, hat in den USA große Tradition.[1] Über die Jahrhunderte hinweg hat sich das einst allein auf das Vereinigte Königreich abzielende US-amerikanische Sanktionssystem wie ein Spinnennetz über den Globus ausgeweitet und erfasst mittlerweile mehr als zwanzig Länder, tausende von Einzelpersonen und Unternehmen und dringt in die unterschiedlichsten Wirtschaftsbereiche vor.[2] Das Netz von Regelungen ist fein verwoben, relativ unübersichtlich, und weitet sich stetig weiter aus. Der Anwendungsbereich des US-amerikanischen Systems von Handelsbeschränkungen beansprucht weitgehend Extraterritorialität. Nach US-amerikanischem Verständnis erstrecken sich die erlassenen Regeln also regelmäßig nicht nur auf die in den USA ansässigen Personen und Unternehmen, sondern auch auf solche, die weder über die US-amerikanische Staatsangehörigkeit verfügen, noch in den USA ansässig sind (sogenannte *secondary sanctions*).

Diese extraterritoriale Anwendung der US-amerikanischen Handelsbeschränkungen führt seit Jahren zu Verstimmungen zwischen den USA und deren wichtigsten Handelspartnern, wie beispielsweise der Europäischen Union. Der Zwist hält auch nach den Anschlägen vom 11. September 2001 weiter an, obwohl die USA und die EU seither ihre Zusammenarbeit in der Außen- und Sicherheitspolitik und bei der Koordination der Verabschiedung von Sanktionen (gegen den Terrorismus) intensiviert haben und die Weltgemeinschaft insoweit „zusammengerückt" ist. Kritiker sind der Ansicht, die USA würden sich als „Weltpolizist"[3] aufspielen, der in einem

---

[1] Bereits im 18. Jahrhundert wurden von den amerikanischen Kolonien Handelsrestriktionen in Form von Ein- und Ausfuhrsperren von Waren, die von und nach Großbritannien transportiert werden sollten, verhängt. Zur Historie von Wirtschaftssanktionen siehe *Davis/Engerman*, History Lessons: Sanctions: Neither War nor Peace, 17 Journal of Economic Perspectives, 187 (2003). Einen Überblick über die Sanktionspolitik der USA im 20. Jahrhundert geben zudem *Rathbone/Jeydel/Lentz*, Sanctions, Sanctions Everywhere: Forging a Path through Complex Transnational Sanctions Laws, Georgetown Journal of International Law 1056, 1063 f. (2013).

[2] Vgl. die vom *Office of Foreign Assets Control* (OFAC) bereitgestellte Übersicht, abrufbar unter http://www.treasury.gov. Zur Systematik der Regelungen siehe *Rathbone/Jeydel/Lentz*, Sanctions, Sanctions Everywhere: Forging a Path through Complex Transnational Sanctions Laws, Georgetown Journal of International Law 1056, 1057 ff. (2013).

[3] Siehe *Mayer*, Wachsendes Unbehagen über den Weltpolizisten, Basler Zeitung, Artikel v. 5.7.2014.

Zeitalter des globalisierten Handelsverkehrs und starker, immer weiter fortschreitender ökonomischer Verflechtung der großen Wirtschaftsnationen die Gunst der Stunde zu nutzen sucht, der Welt die eigenen politischen Ziele durch weitreichende Regelungsakte aufzuzwingen. Dies insbesondere, da die USA gerade die rigorose Ahndung von Verstößen gegen das US-amerikanische Sanktionsregime durch in Europa ansässigen Tochtergesellschaften US-amerikanischer Konzerne in den letzten Jahren intensiviert haben.

Natürlich bedient sich auch die Europäische Union eigener umfassender Handelsbeschränkungen, um ihre (wirtschafts-)politischen Ziele durchzusetzen. Im Gegensatz zu den Regelungen der USA, ist der Adressatenkreis der europäischen Regularien jedoch wesentlich stärker begrenzt.[4] Mehr noch, die Europäische Union ist dem Weg anderer Staaten gefolgt und hat sich mit der im Jahre 1996 erlassenen Verordnung (EG) 2271/96 klar gegen die extraterritoriale Anwendung ausländischer Sanktionsregime innerhalb der EU gestellt.

Der vorliegende Beitrag untersucht, wie es den USA trotz dieses Abwehrgesetzes (*blocking statute*), und wider der in der Verordnung (EG) 2271/96 erklärten Ziele, weiterhin möglich ist, Verstöße gegen US-amerikanische Handelsbeschränkungen durch in der EU ansässige Unternehmen mit aller Vehemenz durchzusetzen. Hierzu werden zunächst die Grundzüge der US-amerikanischen Handelsbeschränkungen gegenüber dem Iran und Kuba einschließlich des jüngsten Kurswechsels der USA dargestellt. Zudem wird demonstriert, welchen US-amerikanischen Handelsbeschränkungen Unternehmen mit Sitz innerhalb der EU ausgesetzt sind und welche Konsequenzen ein Verstoß gegen diese Verbotsnormen auslösen kann (B.). Nach der Darstellung des Kerns des transatlantischen Streits sollen die internationalen Reaktionen auf die extraterritoriale Anwendung der amerikanischen Regularien beschrieben werden (C.). Hier wird zunächst die detaillierte Auseinandersetzung mit der europäischen Anti-Boykott-Verordnung im Fokus stehen (D.), bevor der Frage nachgegangen wird, warum sich die EU, wider ihrer in der Verordnung erklärten Absichten, nicht stärker gegen die US-amerikanische Ahndung dieser Verstöße innerhalb ihres Territoriums stellt (E.). Der letzte Teil fasst die gewonnenen Erkenntnisse zusammen und schlägt konkrete Handlungsalternativen vor (F.).

[4] Vgl. beispielsweise Art. 49 der Verordnung (EU) Nr. 267/2012 (Iran Embargoverordnung) und Art. 13 der Verordnung (EU) Nr. 833/2014 (Russland Embargoverordnung), die zwar Zweigniederlassungen, nicht aber rechtlich selbständige Tochtergesellschaften umfassen. Hierzu *Mehle/Mehle*, Die notwendige Einhaltung von EU-Embargoregelungen durch Unternehmen mit Sitz in Drittstaaten, RIW 2015, 397.

B. Das amerikanische Geflecht an extraterritorialen Handelsbeschränkungen

Die USA unterhalten ein strenges, weit verzweigtes, oft sehr uneinheitliches und auf nationalem Recht basierendes Geflecht von Handelsbeschränkungen, welches die multilateralen, UN-basierten Handelsbeschränkungen verstärkt.[5] Es dient einer Kombination verschiedener Interessen, darunter nationale Sicherheitsinteressen, innen- wie außenpolitische Ziele, Bestrebungen, den internationalen Terrorismus einzudämmen und die Verbreitung von Atom- und Massenvernichtungswaffen zu verhindern.[6] Unilaterale US-amerikanische Handelsbeschränkungen lassen sich zum einen als länderspezifisch und zum anderen als personenspezifisch kategorisieren. Länderspezifische Handelsbeschränkungen (*country based sanctions*) betreffen den wirtschaftlichen Handel mit einzelnen Ländern per se und folgen regelmäßig einer spezifischen Zielsetzung, die in einem „Programm" festgehalten ist. Prominenteste Beispiele sind die Sanktionen gegen den Iran und Kuba.

Neben diesen auf ganze Länder abzielenden Handelsbeschränkungen bestehen auch personenspezifische (Sanktions-)Vorschriften, die den wirtschaftlichen Verkehr mit einzelnen, auf Listen (sogenannten *Specially Designated Nationals and Blocked Persons Lists* (SDN-Listen)) aufgeführten (ausländischen) Personen und Unternehmen regulieren bzw. untersagen (*targeted sanctions*).[7] Auf diesen SDN-Listen stehen insbesondere einzelne Terroristen, terroristische Vereinigungen und Unternehmen oder Personen, die diese unterstützen.[8] Die entsprechenden Einträge werden regelmäßig aktualisiert und ergänzt und sind in Teilen, wie auch das sonstige US-amerikanische Exportkontroll- bzw. Außenwirtschaftsrecht, von Unternehmen au-

---

[5] Dies macht *Carter* schon durch den Titel seines Beitrags kenntlich, vgl. *Carter*, International Economic Sanctions: Improving the Haphazard U.S. Legal Regime, 75 Calif. L. Rev. 1159 (1987).

[6] Vgl. *Buys*, United States Economic Sanctions: The Fairness of Targeting Persons from Third Countries, 17 B.U. Int'l L.J. 241, 264 f. (1999) m.w.N.

[7] Je nach Grund für die Listung einzelner Individuen und Unternehmen können weitere Untergruppen gebildet werden. Als Beispiele sei die *Specially Designated Global Terrorist List* genannt. Entsprechende Listen umfassen nicht allein ausländische Personen oder Unternehmen sondern können auch Amerikaner selbst einschließen, vgl. Alphabetical Listing of Specially Designated Nationals and Blocked Persons, U.S. Department of the Treasury, http://www.treasury.gov.

[8] Die aktuelle SDN-Liste des U.S. Department of the Treasury ist unter http://www.ustreas.gov einsehbar.

ßerhalb der USA zu beachten, da auch diese extraterritoriale Wirkung beanspruchen.[9]

I. Grundlagen des US-amerikanischen Systems

Das US-amerikanische System von Handelsbeschränkungen basiert auf verschiedenen Ermächtigungsgrundlagen. Im Zentrum der bundesrechtlichen[10] länderbezogenen Handelsbeschränkungen stehen das Gesetz über wirtschaftliche Befugnisse bei einer internationalen Notlage (*International Emergency Economic Powers Act* (IEEPA))[11] von 1977 und das Gesetz über das Handeln mit dem Feind (*Trading with the Enemy Act* (TWEA)) von 1917, das den Handel mit feindlichen Ländern in Kriegszeiten untersagt.[12] Auf beide Gesetze gehen die meisten Regelungen zurück, wobei dem *IEEPA* die größere Rolle zukommt.[13]

Der *IEEPA* räumt dem Präsidenten nach Ausrufen des nationalen Notstandes die Befähigung ein, die notwendigen Maßnahmen[14] zu erlassen, um diesem Notstand Einhalt zu gebieten. Der Präsident kommt dem durch den Erlass von Verfügungen (*Executive Orders*) nach. Im Rahmen dieser Verfügungen kann er beispielsweise festlegen, dass mit einzelnen Ländern überhaupt kein Handel mehr stattfinden darf, dass das im Eigentum des zu sanktionierenden Landes stehende Vermögen eingefroren bzw. beschlagnahmt werden soll, oder aber auch, dass die Exekutive, allen

---

[9] Welche Auswirkungen dies für den Themenbereich (Re-)Export hat, beschreibt *Schmitz*, Die Reform des Exportkontrollrechts in den USA und deren Auswirkung auf deutsche Unternehmen, GewA 2011, 431 (432).

[10] Grundsätzlich ist es auch den einzelnen Bundesstaaten der USA möglich, eigene Handelsbeschränkungen zu erlassen, sofern diese den Sinn und Zweck der bundesstaatlichen Regelungen nicht unterlaufen, vgl. *Crosby v. National Foreign Trade Council*, 53 U.S. 363 (2000).

[11] 50 U.S.C. §§ 1701(a) und 1702: „Any authority granted to the President by section 1702 of this title may be exercised to deal with any unusual and extraordinary threat, which has its source in whole or substantial part outside the United States, to the national security, foreign policy, or economy of the United States, if the President declares a national emergency with respect to such threat.“ Siehe *Hentzen*, US-amerikanische Exportkontrollen, 100 f.

[12] 50 U.S.C. § 5(b). Abrufbar unter http://www.treasury.gov. Hierzu *Hentzen*, US-amerikanische Exportkontrollen, 94 ff. Einen historischen Überblick über dessen Anwendung durch die Präsidenten der USA gibt *Malloy*, Embargo Programs of the United States Treasury Department, 20 Colum. J. Transnat'l L. 485, 488 ff. (1982).

[13] *Culvahouse*, A Practical Guide to International Sanctions Law and Lore: Mamas, Don't let your Children Grow Up to Be Sanctions Lawyers, 32 Houston J. Int'l L. 587, 593 (2010); *Lau*, Triggering Parent Company Liability Under United States Sanctions Regimes: The troubling Implications of Prohibiting Approval and Facilitation, 41 Am. Bus. L.J. 413, 421 ff. (2004).

[14] Verankert in 50 U.S.C. § 1702 und § 1704. Hierzu *Buys*, United States Economic Sanctions: The Fairness of Targeting Persons from Third Countries, 17 B.U. Int'l L.J. 241, 243 f. (1999). Dazu kann auch die Beschlagnahme von Eigentum gehören, vgl. *Cline*, The President's Power to Seize Property in The Post-September 11 World: The International Emergency Economic Powers Act, 27 Champion 18 (2003).

voran das Finanzministerium, ein Programm aufsetzen soll, das die in der *Executive Order* enthaltenen Eckpunkte umfasst. Die vom Finanzministerium auf Grundlage dieser Ermächtigung aufgestellten Programme wie beispielsweise die *Iranian Transactions and Sanctions Regulations* (ITSR) stellen den Kern der länderspezifischen Handelsbeschränkungen dar.[15]

Neben dem *IEEPA* und dem *TWEA* als Grundlage für länderspezifische Sanktionsmaßnahmen können entsprechende Maßnahmen auch aufgrund anderer gesetzlicher Grundlagen durch Rechtsverordnungen oder Exekutiverlasse getroffen werden.[16] So nimmt beispielsweise der *Iran Threat Reduction and Syria Human Rights Act* (ITRA) den Präsidenten in die Pflicht, den Anwendungsbereich der *ITSR* insofern auszuweiten, als dass sie auch auf ausländische Tochterunternehmen US-amerikanischer Mutterkonzerne Anwendung finden.[17]

Schließlich sei noch auf den *Export Administration Act* (EAA) und dessen Ausfuhrverordnung, die *Export Administration Regulations* (EAR), hingewiesen, die ebenfalls Ermächtigungsgrundlagen für Handelsbeschränkungen betreffend den Export und Reexport von US-amerikanischen Gütern und Technologien beinhalten.[18] Die *EAR* untersagen beispielsweise jedem Marktteilnehmer – und damit auch Nicht-Amerikanern – den Reexport von US-amerikanischen Gütern, Software und anderer Technik sowie solchen Produkten, in welchen auch nur ein Kleinstanteil an US-amerikanischem „Ursprung" enthalten ist, in Länder, gegen die die USA ein Sanktionenregime unterhalten.[19]

---

[15] *Rathbone/Jeydel/Lentz*, Sanctions, Sanctions Everywhere: Forging a Path through Complex Transnational Sanctions Laws, Georgetown Journal of International Law, 1056, 1060 (2013).

[16] Siehe *Hohmann*, Angemessene Aussenhandelsfreiheit im Vergleich, 2002, 155 f.

[17] Siehe 22 U.S.C. § 8725(b). *Rathbone/Jeydel/Lentz*, Sanctions, Sanctions Everywhere: Forging a Path through Complex Transnational Sanctions Laws, Georgetown Journal of International Law 1056, 1060 (2003).

[18] Hierzu *Clark*, Dealing with U.S. Extraterritorial Sanctions and Foreign Countermeasures, 25 U. Pa. J. Int'l Econ. L. 455, 462 f. (2004). Kritisch *Bowman*, A Prescription for Curing U.S. Export Controls, 97 Marq. L. Rev. 599 (2013); *Matthews*, Controlling the Exportation of Strategically-Sensitive Technology: The Extraterritorial Jurisdiction of the Multilateral Export Control Enhancement Amendments Act of 1988, 28 Colum. J. Transnat'l L. 747 (1990).

[19] Beispielsweise darf ein solches Produkt nicht nach Kuba exportiert werden, sobald dessen US-amerikanische Anteil mehr als 10 Prozent des Verkaufspreises ausmacht, vgl. 15 C.F.R. §§ 746.2(a), 734.3(3). Das kubanische Sanktionsregime sieht jedoch *de-minimis* Ausnahmen Reexportbeschränkung vor. Hierzu *Rathbone/Jeydel/Lentz*, Sanctions, Sanctions Everywhere: Forging a Path through Complex Transnational Sanctions Laws, Georgetown Journal of International Law 1056, 1108 (2003) und *Clark*, Dealing with U.S. Extraterritorial Sanctions and Foreign Countermeasures, 25 U. Pa. J. Int'l Econ. L. 455, 462 (2004).

II. Extraterritorialität

Der Wirkungskreis der US-amerikanischen Handelsrestriktionen beschränkt sich nicht allein auf das Territorium der USA, sondern geht weit über deren Landesgrenzen hinaus. Anknüpfungspunkt einer Vielzahl US-amerikanischer Handelsbeschränkungen ist der Begriff „*U.S. person*", der sowohl US-amerikanische Staatsangehörige, ausländische Staatsangehörige mit dauerhaftem Wohnsitz in den USA (*permanent residents*), Gesellschaften, die nach US-amerikanischem Recht organisiert sind, oder Gesellschaften, die in den USA nicht allein vernachlässigbaren Handel betreiben, umfasst.[20]

Andere Programme und Regularien gehen von einem (noch) weiteren Verständnis aus und subsumieren unter den Begriff „*U.S. person*" auch ausländische Gesellschaften, die einer U.S. Person gehören oder von dieser kontrolliert werden.[21] Dazu zählen die USA insbesondere auch im Ausland ansässige Tochtergesellschaften US-amerikanischer Konzerne und im Ausland ansässige Gesellschaften, an denen das US-amerikanische Unternehmen mindestens 50 % der Anteile hält oder die von US-Amerikanern geführt bzw. kontrolliert werden.[22] Daneben sehen einzelne Regime

---

[20] Vgl. die Ausführungen auf der OFAC Seite, abrufbar unter http://www.treasury.gov und *Buys*, United States Economic Sanctions: The Fairness of Targeting Persons from Third Countries, 17 B.U. Int'l L.J. 241, 248 ff. (1999).

[21] Zu den unterschiedlichen Definitionen der „*U.S. person*" innerhalb der verschiedenen Systeme siehe *Lau*, Triggering Parent Company Liability Under United States Sanctions Regimes: The troubling Implications of Prohibiting Approval and Facilitation, 41 Am. Bus. L.J. 413, 421 ff. (2004).

[22] So beispielsweise 31 C.F.R. § 515.329(d) und 31 C.F.R. 560.215. Unter *ownership* oder *control* wird gemäß § 218(a)(2) des *Iran Threat Reduction and Syria Human Rights Act of 2012* entweder die aktienrechtliche Stimmenmehrheit der Muttergesellschaft im Tochterunternehmen, eine Mehrheit der Muttergesellschaft im Aufsichtsrat der Tochtergesellschaft oder eine andere Art von Kontrolle der Mutter- über die Tochtergesellschaft angesehen, die sich beispielsweise in Form von Entscheidungshoheiten in den Bereichen Unternehmensausrichtung, Kernkompetenzen oder Personal darstellen können. Vertiefend *Ziegenhain*, Extraterritoriale Rechtsanwendung und die Bedeutung des Genuine-Link-Erfordernisses, 153 f.; *Buys*, United States Economic Sanctions: The Fairness of Targeting Persons from Third Countries, 17 B.U. Int'l L.J. 241, 248 ff. (1999); *Hoffmann*, How to Approach a New Office of Foreign Assets Sanctions Program, 27 Stetson L. Rev. 1413, 1414 (1988); *Feathers*, Economic Sanctions and Their Effect on the Energy Industry, 36 Tex, Int'l L.J. 175, 180 (2001); *McGlone/M. Birton*, Economic Sanctions and Export Controls, 34 Int'l Law 383 (2000); *Weida*, Reaching Multinational Corporations: A New Model for Drafting Effective Economic Sanctions, 30 Vt. L. Rev. 303, 318 und 343 f. (2006); Beispielsfälle bei *Razzano*, U.S. Economic Sanctions Laws: Practical Implications for European Companies, DAJV 2010, 128 (128); *Lau*, Triggering Parent Company Liability Under United States Sanctions Regimes: The troubling Implications of Prohibiting Approval and Facilitation, 41 Am. Bus. L.J. 413, 421 ff. und 426 (2004) hat zu Recht auf die Unbestimmtheit und die dadurch bestehende Auslegungsunsicherheit des Begriffs „Kontrolle" im Allgemeinen und im Bereich des Franchising im Besonderen hingewiesen.

vor, dass US-amerikanische Unternehmen für Verfehlungen ihrer ausländischen Tochterunternehmen haftbar gemacht werden können.[23]

Ferner adressieren die US-amerikanischen Regeln auch solche Personen, die U.S. Personen dazu verleiten, US-amerikanisches Recht zu verletzen oder hierzu Beihilfe leisten.[24] Der Adressatenkreis wird insbesondere durch verschiedene sogenannte „*facilitation*"-Regelungen ausgedehnt, die es U.S. Personen untersagen, sich an geschäftlichen Betätigungen ausländischer Unternehmen, die, würden sie von einer U.S. Person durchgeführt, gegen Handelsbeschränkungen der USA verstoßen würden, zu beteiligen, oder diesen Vorschub zu leisten.[25] Welche Handlungen dem „*facilitation*"-Merkmal unterfallen sollen, lässt das Gesetz offen.[26] Fordert ein ausländisches Unternehmen eine U.S. Person dennoch dazu auf und leistet die U.S. Person entsprechende Dienste, droht dem ausländischen Unternehmen die Einleitung eines strafrechtlichen Verfahrens aufgrund der Mittäterschaft oder Beteiligung an diesem rechtswidrigen Verhalten.[27]

---

[23] Vgl. § 218 Iran Threat Reduction and Syria Human Rights Act of 2012. *Anderson*, Good Grief! Iran Sanctions and the Expansion of American Corporate Liability for Non-U.S. Subsidiary Violations Under the Iran Threat Reduction and Syria Human Rights Act of 2012, 34 Nw. J. Int'l L. & Bus. 125, 136 und 138 (2013); *Weida*, Reaching Multinational Corporations: A New Model for Drafting Effective Economic Sanctions, 30 Vt. L. Rev. 303, 343 f. (2006) sieht die Bestrafung der US-amerikanischen Muttergesellschaft für Verfehlungen der im Ausland ansässigen Tochtergesellschaft gegenüber einer direkten extraterritorialen Anwendung US-amerikanischer Regularien der Tochtergesellschaft klar im Vorteil: „A foreign sovereign is less likely to view transactional policing by a subsidiary's parent as an affront to its sovereignty than if the United States itself were to demand compliance with a U.S. regulatory regime. Enforcing economic sanctions on the business-judgment plain thus operates to minimize the costs associated with international disputes because of the decreased probability that those disputes will occur."

[24] Vgl. § 206(a) IEEPA Enhancement Act of 2007 bzw. 50 U.S.C. § 1705(a) i.V.m. 18 U.S.C. § 2.

[25] Siehe bspw. 31 C.F.R. § 560.208: „[... N]o United States person, wherever located, may approve, finance, facilitate, or guarantee any transaction by a foreign person where the transaction by that foreign person would be prohibited by this part if performed by a United States person or within the United States." Siehe auch 31 C.F.R. 560.417 (a) und (b). Zum „*facilitation*"-Komplex siehe *Culvahouse*, A Practical Guide to International Sanctions Law and Lore: Mamas, Don't let your Children Grow Up to Be Sanctions Lawyers, 32 Houston J. Int'l L. 587, 597 ff. (2010) und *Marcuss*, Grist for the Litigation Mill in the U.S. Economic Sanctions Programs, 30 Law & Pol'y Int'l Bus. 501, 522 ff. (1999).

[26] Stattdessen hat sich das OFAC in verschiedenen Memoranda um eine Klarstellung bemüht, die *Lau*, Triggering Parent Company Liability Under United States Sanctions Regimes: The troubling Implications of Prohibiting Approval and Facilitation, 41 Am. Bus. L.J. 413, 443 f. (2004) als unzureichend und widersprüchlich beschreibt. Er kommt zu dem Schluss, dass „[n]one of the rulings, [...], provide meaningful guidance on what constitutes [...] facilitation." Er rät internationalen Unternehmen daher zur direkten Kontaktaufnahme mit dem OFAC, um etwaig kritische Transaktionen vorab zu besprechen.

[27] So jüngst geschehen im „Schlumberger"-Fall, in welchem sich der schuldig bekennende (*guilty plea*) Konzern mit dem *U.S. Department of Justice* (DOJ) darauf einigte, US-Dollar 232 Millionen Strafe für entsprechendes Fehlverhalten zu bezahlen, vgl. Pressemitteilung des *U.S. Department of Treasury* v. 7. 8. 2015, abrufbar unter http://www.treasury.gov.

Daneben richten sich manche Regularien auch an „*any person*", also auch Nichtamerikaner und im Ausland ansässige Unternehmen, unabhängig von einer Verbindung zu einer US-amerikanischen (Mutter-)Gesellschaft. So findet beispielsweise der *Iran-Libya Sanctions Act* gemäß dem § 5(c) auf „*any person*", ungeachtet ihres Aufenthaltsortes oder ihrer Nationalität, Anwendung. Gleiches gilt für Sanktionen für solche Investitionen in den Iran, die bestimmte Schwellenwerte überschreiten.

Auch wenn dieses ausgedehnte Verständnis der US-amerikanischen Rechtsetzungsgewalt das Konfliktpotential klar erkennen lässt, soll an dieser Stelle noch nicht erörtert werden, ob dieses im Einklang mit den hierzu entwickelten völkerrechtlichen Prinzipien steht. Vielmehr soll hier die Feststellung genügen, dass das US-amerikanische Sanktionsgeflecht nach eigenem Verständnis nicht an den Landesgrenzen halt macht, sondern sich auch auf im Ausland ansässige, rechtlich selbständige und von den USA unabhängige Unternehmen erstrecken kann.

III. Überblick über einzelne extraterritorial zur Anwendung kommende US-amerikanische Iran- und Kuba-Sanktionen

Die US-amerikanische Sanktionsregime gegenüber Kuba und dem Iran sind hoch komplex. Eine Gesamtdarstellung des gesamten, weitverzweigten Systems kann hier nicht erfolgen. Vorliegend soll es ausreichen, die Grundzüge darzustellen und beispielhaft aufzuzeigen, welche US-amerikanischen Handelsbeschränkungen extraterritoriale Wirkung beanspruchen.

1. Kuba

a) Cuba Assets Control Regulations

Die ersten US-amerikanischen Handelsbeschränkungen gegen Kuba gehen auf die Kuba-Krise im Jahre 1962 zurück.[28] Um ein Handelsembargo gegen das von Fidel Castro geführte System zu installieren, erließ Präsident Kennedy die *Proclamation 3447*. Diese untersagte den kompletten Handel mit Kuba und forderte das *U.S. Department of Tresaury* auf, Regelungen zu erlassen, die u. a. den Import von kubanischen Waren und Waren, die von Kuba importiert wurden, verhindern. Parallel wurde das *U.S. Department of Commerce* angewiesen, entsprechende Ausfuhrregularien für US-amerikanische Waren nach Kuba zu erlassen.

Daraufhin wurden vom *U.S. Department of Treasury* – genauer dem *Office of Foreign Assets Control* (OFAC), der Exportkontrollbehörde des US-Finanzministeriums – die *Cuba Assets Control Regulations* (CACR) erlassen, die in modifizierter

[28] Den historischen Hintergrund der US-amerikanischen Sanktionen gegenüber Kuba beschreibt *Reinmuth*, Das U.S. Embargo gegen Kuba und Internationales Recht, 30 ff.

Form bis heute Anwendung finden.[29] Die *CACR* verbieten sowohl (fast) jeglichen Handel mit Kuba und kubanischen Unternehmen als auch entsprechende Investitionen. Sie sind dabei so gefasst, dass sie nicht nur US-amerikanische Bürger, in den USA befindliche Personen oder dort ansässige Unternehmen ansprechen, sondern *„any person subject to the jurisdiction of the United States"*.[30] Gemäß 31 C.F.R. § 515.329(d) sollen, wie bereits dargestellt, auch solche Unternehmen dem *CACR* unterfallen, die ihren Sitz im Ausland haben, sofern diese von einer „US-amerikanischen Person" bzw. ebensolchen Unternehmen kontrolliert werden. Allerdings sah das Gesetz seinerzeit die Möglichkeit der Erteilung einer Lizenz zum Handel für US-amerikanische Tochtergesellschaften vor, sofern diese „keine Beziehung zu den USA" aufweisen und keine US-amerikanischen Personen am Handel beteiligt waren.[31] Die Ausfuhrregularien wurden im *Export Administration Act* (EAA) verankert.

b) Cuban Democracy Act

Die weite Anwendung der *CACR* auf ausländische Tochterunternehmen wurde durch den im Jahre 1992 erlassenen *Cuban Democracy Act*[32] – auch bekannt als *Torricelli-Act*[33] – bestätigt. Dieser verschärfte die bestehenden Sanktionen, nachdem sich das Castro Regime weigerte, freie Wahlen zuzulassen. Drittländer sollten vom Handel mit Kuba abgehalten werden, um einen politischen Kurswechsel in Kuba zu

[29] Proclamation No. 3447, Embargo on All Trade with Cuba, 3 C.F.R. 157 (1959–1963 Comp.). Das Embargo wurde durch weitere Akte im Juli 1963 verlängert, siehe *Clark/Wang*, Foreign Sanctions Countermeasures and Other Responses to U.S. Extraterritorial Sanctions, http://www.nftc.org, 5. *Clark*, Dealing with U.S. Extraterritorial Sanctions and Foreign Countermeasures, 25 U. Pa. J. Int'l Econ. L. 455, 466 (2004); *Coleman/Graham*, The Stars and Stripes Wherever: The Impact of Unilateral U.S. Economic Sanctions on the International Petroleum Industry, 35 Alta. L. Rev. 334, 336 (1996); *Herd*, The Cuban Democracy Act: Another Extraterritorial Act That Won't Work, 20 Brookl. J. Int'l L. 397 (1994); *Lau*, Triggering Parent Company Liability Under United States Sanctions Regimes: The troubling Implications of Prohibiting Approval and Facilitation, 41 Am. Bus. L.J. 413, 427 (2004) und *Buys*, United States Economic Sanctions: The Fairness of Targeting Persons from Third Countries, 17 B.U. Int'l L.J. 241, 245 ff. (1999).

[30] 31 C.F.R. §§ 515.201(b)(2) und 515.329(d).

[31] 31 C.F.R. § 515.541. Siehe *Kayser*, Gegenmaßnahmen im Außenwirtschaftsrecht und das System des Europäischen Kollisionsrechts, 34. Während das deutsche Außenwirtschaftsgesetz von der Freiheit des Außenhandels ausgeht, sehen die USA das Recht zum Export als Privileg an, vgl. *Ziegenhain*, Extraterritoriale Rechtsanwendung und die Bedeutung des Genuine-Link-Erfordernisses, 151.

[32] Cuban Democracy Act, Pub. L. No. 102–484, Title XVII, 106 Stat. 2578 (1992), kodifiziert unter 22 U.S.C. §§ 6001–6010.

[33] Die Verabschiedung des Gesetzes geht auf die Initiative des Senators Robert Torricelli zurück. Den Gesetzeshintergrund beschreibt *Rodman*, Sanctions Beyond Borders, Multinational Corporations and U.S. Economic Statecraft, 114 ff.

erzwingen. Länder, die das kubanische Regime unterstützten (*assistance*), konnten nun von den USA sanktioniert werden.[34]

Das Gesetz beinhaltet zahlreiche Sanktionsmaßnahmen, die direkt auf ausländische Unternehmen Anwendung finden. So regelt das Gesetz beispielsweise in Teilen auch den Zugang zu amerikanischen Häfen. Sämtliche Schiffe, die kubanische Häfen angelaufen haben, dürfen innerhalb der nächsten 180 Tage an keinem US-amerikanischen Hafen festmachen.[35] Daneben ist es auch ausländischen Unternehmen nicht erlaubt, kubanische Güter, selbst wenn diese nur geringfügige kubanische Bestandteile oder Materialien enthalten, oder Güter, die einmal kubanisches Territorium durchkreuzt haben, in die USA zu importieren.[36] Schließlich ermöglicht das Gesetz, unter Vorbehalt des Präsidenten, auch die Sanktionierung einzelner Staaten, die mit der kubanischen Regierung entgegen den US-amerikanischen Regularien Finanztransaktionen abschließen.[37]

Mit dem *Cuban Democracy Act* sollte zudem auch eine jahrzehntelange und gerade für das Ausland wichtige Praxis beendet werden. Trotz der – von Ausnahmen abgesehen – generellen Untersagung des Handels US-amerikanischer Unternehmen mit Kuba hatte die US-amerikanische Regierung ausländischen Tochterunternehmen US-amerikanischer Gesellschaften durch die Vergabe von Lizenzen den Handel mit Kuba und den dort ansässigen Unternehmen ermöglicht, solange das Tochterunternehmen von der amerikanischen Muttergesellschaft unabhängig agierte und die Transaktionen weder US-amerikanische Güter zum Gegenstand hatten, noch in US-Dollar abgewickelt werden sollten.[38] Das sogenannte „*Mack Amendment*"[39] schob dieser Praxis nun einen Riegel vor. Ausländischen Tochterunternehmen von US-amerikanischen Muttergesellschaften durften daher bis vor Kurzem keine Lizenzen mehr zum Handel mit Kuba erteilt werden.[40]

---

[34] 22. U.S.C. § 6003(b).

[35] 31 C.F.R. § 515.207, Ausnahmen in 31 C.F.R. § 515.550.

[36] 22. U.S.C. § 6040(a), (c) und (d); *Gordon*, The U.S. Embargo Against Cuba and the Diplomatic Challenges to Extraterritoriality, The Fletcher Forum of World Affairs 63, 67 (2012) mit dem Beispiel der belgischen Schokolade, die kubanischen Zucker enthält und damit nicht in die USA exportiert werden darf.

[37] 22 U.S.C. § 6003(b). Siehe auch *Clark*, Dealing with U.S. Extraterritorial Sanctions and Foreign Countermeasures, 25 U. Pa. J. Int'l Econ. L. 455, 470 (2004); *Buys*, United States Economic Sanctions: The Fairness of Targeting Persons from Third Countries, 17 B.U. Int'l L.J. 241, 245 ff. (1999).

[38] *Gordon*, The U.S. Embargo Against Cuba and the Diplomatic Challenges to Extraterritoriality, The Fletcher Forum of World Affairs, 63, 66 (2012).

[39] Zu dessen Entstehungsgeschichte siehe *Rodman*, Sanctions Beyond Borders, Multinational Corporations and U.S. Economic Statecraft, 116 ff.

[40] 22 U.S.C. §§ 6005(a) bzw. 31 C.F.R. § 15.559(a).

c) *Cuban Liberty and Democratic Solidarity (LIBERTAD) Act*

Als Reaktion auf den Abschuss zweier in den USA registrierter Zivilflugzeuge durch das kubanische Militär verabschiedeten die USA 1996 den *Cuban Liberty and Democratic Solidarity (LIBERTAD) Act*[41], der wiederum auch als „*Helms-Burton Act*"[42] bekannt ist. Abermals wurde das Sanktionsregime gegen Kuba verschärft und dessen extraterritoriale Anwendung erweitert, um den Fall des kommunistischen Regimes zu beschleunigen. Das Gesetz untergliedert sich in vier Abschnitte, von denen Title III und IV in ihrer extraterritorialen Erstreckung weit über die vorherigen Sanktionsregeln hinausgehen.

Schon Title I fordert den Präsidenten und die Exekutive auf, das bestehende Embargo – auch gegenüber Nicht-Amerikanern – strikter durchzusetzen und ausländische Staaten zu größerer Kooperation mit den USA anzuhalten.[43] Daneben wird sowohl die direkte als auch die indirekte Finanzierung Kubas verboten. Title II des Gesetzes ist eher politisch orientiert und legt unter anderem die Voraussetzungen und Parameter einer etwaigen Beziehung zu einer möglichen zukünftigen demokratischen Übergangsregierung in Kuba fest. Title III des *Helms-Burton Act* sieht einen Schadenersatzanspruch von amerikanischen Staatsangehörigen, einschließlich in den USA wohnhafter Exilkubaner, vor, die in Kuba enteignet wurden. Der Schadensersatzanspruch richtet sich gegen nicht-kubanische Geschäftspartner beim sogenannten „*trafficking*" – Transaktionen, die im Zusammenhang mit in Kuba enteignetem Vermögen stehen – und schließt natürliche und juristische Personen mit ein, die weder die US-amerikanische Staatsangehörigkeit haben, noch in den USA ansässig sein müssen.[44]

Da US-amerikanischen Staatsbürgern bereits aufgrund der früheren Regelungen der Handel mit Kuba untersagt war, zielen die Regelungen zum „*trafficking*" ganz

---

[41] Cuban Liberty and Democratic Solidarity (LIBERTAD) Act of 1996, Pub. L. No. 104–110, 110 Stat. 785 (1996), kodifiziert unter 22. U.S.C. §§ 6021–6091.

[42] Der Gesetzesentwurf war von Senator Jesse Helms und dem Abgeordneten Dan Burton Anfang 1995 eingebracht worden. Das Gesetz ist Gegenstand zahlreicher Veröffentlichungen, siehe die Nachweise bei *Ryngaert*, Jurisdiction in International Law, 457 Fn. 2282. Aus dem deutschen Schrifttum sei insbesondere auf *Kayser*, Gegenmaßnahmen im Außenwirtschaftsrecht und das System des Europäischen Kollisionsrechts, 36 ff.; *Gebauer*, Kollisionsrechtliche Auswirkungen der US-amerikanischen Helms-Burton-Gesetzgebung, IPRax 1998, 145 und *Kress/Herbst*, Der Helms-Burton-Act aus völkerrechtlicher Sicht, RIW 1997, 630 verwiesen.

[43] § 102(b) des *Helms-Burton Act.*

[44] *Lübbig*, Anmerkung zur 39. Verordnung zur Änderung der Außenwirtschaftsordnung vom 27. 5. 1997, WiB, 1997, 894 (895). Zu den Einzelheiten *Griessbach*, Der „Cuban Liberty and Democratic (Libertad) Act" von 1996, RIW 1997, 275 (275 ff.). Zu den Abschnitten III und IV des Gesetzes siehe u. a. auch *Meng*, Extraterritoriale Jurisdiktion und US-amerikanische Sanktionsgesetzgebung, EuZW 1997, 424 (424 ff.); *Lowenfeld*, Congress and Cuba: The Helms-Burton Act, 90 Am. J. Int'l L. 419 (1996) und *Dodge*, The Helms-Burton Act and Transnational Legal Process, 20 Hastings Int'l & Comp. L. Rev. 713 (1997). Vertiefend *Rodman*, Sanctions Beyond Borders, Multinational Corporations and U.S. Economic Statecraft, 176 ff.

offensichtlich auf ausländische Personen ab. Der Kongress sieht die extraterritoriale Erstreckung der Regulierung nicht als bedenklich an, sondern geht hiermit recht offensiv um

> „International law recognizes that a nation has the ability to provide for rules of law with respect to conduct outside its territory that has or is intended to have substantial effect within its territory.“[45]

Title IV des Gesetzes ermöglicht es schließlich, solchen Personen oder Vertretern von Unternehmen, nebst deren Familien, die entgegen Title III mit konfisziertem kubanischen Eigentum handeln, die Einreise in die USA zu verbieten oder ein Aufenthaltsverbot auszusprechen.[46]

Der 1998 erlassene Paragraph 211 des *Omnibus Consolidated and Emergency Supplemental Appropriations Act of 1999*[47] stellt einen weiteren Teil der US-amerikanischen Sanktionspolitik gegenüber Kuba dar.[48] Durch ihn werden die Rechte der Inhaber von solchen US-amerikanischen Handelsmarken und -namen geschmälert, die zuvor einem während der kubanischen Revolution enteigneten kubanischen Staatsbürger oder Unternehmen gehörten.

d) Auswirkung auf Kuba am Beispiel des Finanzsektors

Die US-amerikanischen Sanktionen haben auf den kubanischen Finanzsektor erhebliche Auswirkungen.[49] So verwehren die US-amerikanischen Regularien sowohl der kubanischen Regierung als auch den dortigen Unternehmen de facto den Zugang zu vielen Finanzinstitutionen, wie international agierenden Banken, Versicherungen oder Vermögensverwaltern. Ferner ist es ihnen untersagt, Handel in US-Dollar abzuwickeln. Internationalen Finanzinstituten, unabhängig von ihrem Sitz, ist es wiederum verboten, Transaktionen mit Kuba in US-Dollar abzuwickeln. Dass die US-amerikanischen Behörden in den letzten Jahren dazu übergegangen sind, diese

---

45 22 U.S.C. § 6081(9).

46 22 U.S.C. § 6091.

47 Pub. L. No. 105–277, 112 Stat. 2681 (1998).

48 Zu dem damit im Zusammenhang stehenden „Havana Rum“-Verfahren vor der WTO siehe *Dinan*, An Analysis of the United States-Cuba „Havana Club“ Rum Case Before the World Trade Organization, 26 Fordham Int'l L. Rev. 337 (2002). Die USA haben bis dato keine Anzeichen unternommen, die Norm zu ändern, obwohl diese von der WTO als gegen Art. 3.1 und 4 TRIPS verstoßend eingestuft wurde.

49 Siehe *Gordon*, The U.S. Embargo Against Cuba and the Diplomatic Challenges to Extraterritoriality, The Fletcher Forum of World Affairs 63, 68 (2012); *Spadoni*, Failed Sanctions: Why the U.S. Embargo against Cuba Could Never Work, 111 und *Snyder/Agostini*, New U.S. Legislation to Deter Investment in Cuba, 30 J.W.T. 37 (1996). Die humanitären Konsequenzen und die negativen Auswirkungen des Embargos auf die gesellschaftliche Entwicklung Kubas beschreibt *Manchak*, Comprehensive Economic Sanctions, the Right to Development, and Constitutionally Impermissible Violations of International Law, 30 B.C. Third World L.J. 417, 430 ff. (2010).

Sanktionen mit aller Vehemenz durchzusetzen, mussten nicht zuletzt die UBS, die Credit Suisse und die Commerzbank am eigenen Leib spüren. Die US-amerikanische Regierung tritt dabei so überzeugend auf, dass viele Banken, darunter die Deutsche Bank, den Handel mit Kuba insgesamt eingestellt haben.[50] Die Auswirkungen für Kuba sind verheerend, da sich das Land gezwungen sieht, auf „teurere" Währungen als den US-Dollar auszuweichen und die wenigen Banken, die trotz der ubiquitären Wirkung der US-amerikanischem Handelsbeschränkungen überhaupt noch bereit sind, Geschäfte mit Kuba abzuwickeln, kubanischen Akteuren nur unter horrendem Zinssatz und Gebühren Gelder für Akquisitionen und Handel zur Verfügung stellen.

Auf institutioneller Ebene ziehen die US-amerikanischen Sanktionen sogar noch weitere Kreise. Der *Helms-Burton Act* versagt Kuba den Zugang zu global agierenden Finanzinstitutionen wie der Weltbank, dem Internationalen Währungsfonds oder der Internationalen Bank für Wiederaufbau und Entwicklung. Das Gesetz verlangt von den in den dortigen Gremien agierenden US-amerikanischen Gesandten, dass sie gegen die Zulassung Kubas zu den Institutionen oder die Auszahlung von Geldern, die die kubanische Regierung beantragt hat, stimmen.[51] Da die USA in vielen Institutionen den jeweils entscheidenden Teil der Stimmen hält[52], ist ihre negative Haltung oft allein schon ausreichend, um den Sanktionen Geltung zu verschaffen. Damit nicht genug, sollte die Mehrheit der Mitglieder eines Gremiums doch einmal einen Antrag auf finanzielle Hilfe Kubas annehmen, sieht der *Helms-Burton Act* vor, dass die USA die für die Finanzinstitutionen vorgesehene Zahlung um die Höhe der von der Institution beabsichtigten Leistung an Kuba verringern.[53]

e) Jüngster Kurswechsel der USA

Trotz der Verlängerung des Handelsembargos gegen Kuba drei Monate zuvor beschlossen die USA und Kuba im Dezember 2014, nach jahrzehntelanger Eiszeit ein neues Kapitel ihrer diplomatischen Beziehungen aufzuschlagen und ihre diplomatischen und wirtschaftlichen Beziehungen zu normalisieren.

Die Castro-Regierung hatte tiefgreifende wirtschaftspolitische Reformen eingeleitet, welche unter anderem darauf abzielen, die kubanische Wirtschaft durch pri-

---

[50] *Atkins/Hübner*, U.S. in sanctions talks with Commerzbank and Deutsche, Reuters, Artikel v. 8.7.2014.

[51] § 104(a)(1) des *Helms-Burton Act.*

[52] Die USA besitzen derzeit 17,68 Prozent der Stimmen im Internationalen Währungsfonds, vgl. IMF Members' Quotas and Voting Power, and IMF Board of Governors (Sept. 2015), abrufbar unter https://www.imf.org und hält damit mit Abstand die meisten Stimmen. Deutschland kommt dagegen auf nur etwas mehr als 6 Prozent. In der Weltbank herrschen vergleichbare Stimmenverhältnisse, vgl. http://siteresources.worldbank.org/. *Gordon*, The U.S. Embargo Against Cuba and the Diplomatic Challenges to Extraterritoriality, The Fletcher Forum of World Affairs 63, 68 (2012).

[53] § 104(b) des *Helmes-Burton Act.*

vate Initiativen zu modernisieren.[54] Präsident Obama sah sich daher, nachdem er bereits ab Sommer 2009 einzelne Handelsbeschränkungen gegenüber Kuba eingeschränkt oder abgeschafft hatte[55], in seinem Annäherungskurs bestätigt und leitete den Abbau weiterer Handelsbeschränkungen ein und war darum bemüht, die politischen und wirtschaftlichen Beziehungen mit Kuba weiter zu entspannen. So wurde einerseits nach 54 Jahren die US-amerikanische Botschaft in Havanna wiedereröffnet.[56] Im März 2016 besuchte Präsident Obama als erster US-amerikanischer Präsident seit 1928 Kuba.[57]

Das *U.S. Department of Commerce* und das *U.S. Department of Treasury* haben im Zuge des unter dem Motto „Wandel durch Annäherung“ eingeläuteten Kurswechsels[58] unter anderem sowohl die *CACR* als auch die *EAR* modifiziert.[59] Die Änderungen und Aufhebungen der Restriktionen ähneln jedoch einem Flickenteppich. Fast wöchentlich werden neue Änderungen, Ausnahmen und Gegenausnahmen verkündet. Folgende Anordnungen in Bezug auf Reisen nach Kuba, Export und Import von Waren und Gütern von und durch Kuba, der Eröffnung einer Niederlassung in Kuba und solche mit Bezug auf den Finanzsektor scheinen besonders erwähnenswert[60]:

aa) Kernpunkte

Die US-amerikanischen Behörden erlauben mittlerweile unter anderem Reisen nach Kuba, die beispielsweise der Familienzusammenführung oder Studienzwecken dienen oder aus religiösen oder touristischen Gründen durchgeführt werden. Auch wenn es nicht mehr erforderlich ist, dass diese Reisen von einer Reiseleitung geführt werden, müssen Individualreisende ihre Reise an ein festes Programm ausrichten,

---

[54] In seiner Rede zur Lage der Nation (State of the Union Address) v. 20. 1. 2015 erklärte Präsident Obama den Kurswechsel wie folgt: „In Cuba, we are ending a policy that was long past its expiration date. When what you're doing doesn't work for fifty years, it's time to try something new. [...] Our shift in Cuba policy has the potential to end a legacy of mistrust in our hemisphere; removes a phony excuse for restrictions in Cuba; stands up for democratic values; and extends the hand of friendship to the Cuban people. And this year, Congress should begin the work of ending the embargo [...].“

[55] Übersicht bei *Propst*, Presidential Authority to Modify Economic Sanctions Against Cuba, 11 f.

[56] *Schwartz*, American Flag Raised at U.S. Embassy in Havana, The Wall Street Journal, Artikel v. 14. 8. 2015.

[57] *Lee/Schwartz*, President Obama Plans Historic Visit to Cuba in March, The Wall Street Journal, Artikel v. 18. 2. 2016.

[58] *Huck*, Extraterritorialität US-amerikanischen Rechts im Spannungsverhältnis zu nationalen, supranationalen und internationalen Rechtsordnungen, NJOZ 2015, 993 (999).

[59] Die geänderten *CACR Regulations* und *EAR Regulations* und sind hier abrufbar: https://www.federalregister.gov.

[60] Vgl die Gemeinsame Erklärung des *U.S. Department of Commerce* und des *U.S. Department of Treasury* vom 15. 3. 2016, abrufbar unter https://www.commerce.gov/news/press-releases/2016/03/commerce-and-treasury-announce-significant-amendments-cuba-sanctions.

das klar erkennen lässt, dass die Reise zu Studienzwecken oder zu anderen, von den USA festgesetzten Zwecken, erfolgt und die meiste Reisezeit gerade nicht mit Vertretern des kubanischen Regimes oder der dortigen kommunistischen Partei verbracht wird. Auch ist der Kauf und die Einfuhr von kubanischen Produkten in die USA im Wert von bis zu US-Dollar 100 sowie die Verwendung US-amerikanischer Kreditkarten in Kuba erlaubt.

Ferner dürfen US-amerikanische Firmen in Kuba gewisse Telekommunikationsdienste anbieten und US-amerikanische Unternehmen können sogar vereinzelt ein eigenes Büro auf Kuba eröffnen, sofern das Unternehmen dort einen restriktiven Kanon von Waren oder Dienstleistungen anbietet. Erlaubt sind beispielsweise das Anbieten von Waren oder Dienstleistungen, welche unter die „Support for the Cuban People"-Lizenz fallen, oder die Durchführung humanitärer Projekte vor Ort.

Gleiches gilt in Fällen, in denen es sich um private Stiftungen oder Forschungsunternehmen handelt, die von den USA genehmigte Handlungen durchführen, und bei Anbietern von Post-, Paket- und Reisedienstleistungen.[61]

Auch soll der Import kubanischer Software erlaubt sein; die strengen Restriktionen in Bezug auf die Zugänglichmachung von US-amerikanischer Software gegenüber kubanischen Softwareentwicklern etc. bleiben dagegen bestehen.[62] Ferner wurden unter anderem die Restriktionen hinsichtlich der Finanzierung und der Bezahlung von Exporten aus den USA und für den Reexport von US-amerikanischen Gütern aus Drittländern aufgehoben, sofern diese Exporte vom *U.S. Department of Commerce's Bureau of Industry and Security* (BIS) genehmigt wurden und diese weder zu den landwirtschaftliche Gütern zählen, noch Rohstoffe betreffen. Bis dato musste der Export dieser Güter entweder vorab bar bezahlt oder über einen Drittstaat finanziert werden.[63]

Weiter will das BIS seine Praxis ändern und den Export von Gütern nicht mehr grundsätzlich ablehnen, sondern im Einzelfall prüfen, ob der Export zugelassen werden kann, weil dieser dem kubanischen Volk nutzt. Dies betrifft insbesondere Güter, die der Landwirtschaft, dem Bildungssystem, dem Katastrophendienst, dem kubanischen Gesundheitswesen oder dem öffentlichen Transportwesen oder aber der Bereitstellung der Grundversorgung in Kuba dienen. Der Export von Gütern, die vorrangig dem kubanischen Militär, der dortigen Polizei oder kubanischen Staatsbetrieben, die vorrangig Staatseinnahmen generieren, zu Gute kommen, wird nach wie vor nicht genehmigt.[64]

---

[61] Vgl. die Erläuterungen des *U.S. Department of Commerce's Bureau of Industry and Security* (BIS), abrufbar unter https://www.bis.doc.gov/index.php/policy-guidance/country-guidance/sanctioned-destinations/cuba und die Auflistung der häufigsten Fragen und Antworten in Bezug auf die Änderungen, abrufbar unter file:///C:/Users/davidadler/Downloads/bis%20cuba%20consolidated%20faqs%20031316%20final.pdf.

[62] Ebenda.

[63] Ebenda.

[64] Ebenda.

Auch soll der Transport von Gütern durch kubanisches Territorium nicht mehr länger unmöglich sein. Güter, die nicht für den kubanischen Markt bestimmt sind, können erstmals wieder mittels Flugzeug oder Boot kubanisches Territorium durchqueren, solange das Flugzeug oder das Schiff, in welchem das Gut transportiert wird, in Kuba nicht gewechselt wird.[65] Das soll es internationalen Speditionen und Vertriebsgesellschaften ermöglichen, Güter weltweit effizienter zu transportieren. Von dieser Ausnahmeregelung sind wiederum solche Güter ausgeschlossen, die unter die *International Traffic in Arms Regulations* fallen.[66]

Dem Finanzsektor eröffnet die Lockerung der Handelsrestriktionen ebenfalls neue Geschäftsfelder. Finanzinstitute, die der US-amerikanischen Gerichtsbarkeit unterliegen, dürfen Korrespondenzkonten bei kubanischen Banken eröffnen, um genehmigte Transaktionen abwickeln zu können. Ferner dürfen diese Banken in Kuba getätigte Transaktionen von Personen, gerade auch wenn diese über (US-amerikanische) Kreditkarten getätigt wurden, abwickeln, sofern diese Personen berechtigterweise nach Kuba haben reisen dürfen. Zudem ist es mittlerweile US-amerikanischen Banken erlaubt, Konten für in Kuba ansässige Kubaner zu eröffnen, sodass diesen Zahlungen aus den USA zugehen können, die wiederum auf eine von den US-amerikanischen Behörden für erlaubt eingestufte Transaktion zurückgeführt werden können. Auch wurden seinerzeit eingefrorene Vermögenswerte von Kubanern, die außerhalb Kubas leben, wieder freigegeben.[67]

bb) Problemfelder für international agierende Unternehmen

Obwohl insbesondere die Präsidenten Clinton und Obama schon vor dem öffentlich verkündeten Kurswechsel eifrig von den wenigen ihnen durch den *Helms-Burton Act* selbst gewährten Möglichkeiten zur Lockerung der Kubasanktionen Gebrauch gemacht haben[68], darf nicht übersehen werden, dass trotz des jüngsten Kurswechsels die meisten extraterritorial wirkenden Sanktionen nach wie vor in Kraft sind. Beispielsweise erhalten zwar von US-Amerikanern geführte oder kontrollierte ausländische Unternehmen Lizenzen zum Handeln mit Kubanern, dies allerdings nur dann, wenn – von Ausnahmen abgesehen – nicht direkte oder indirekte Exporte von oder nach Kuba betroffen sind. Entsprechende Unternehmen sind aufgrund der sich ändernden Rechtslage angehalten, verstärkt die Vereinbarkeit ihres geschäftlichen Handelns in Kuba mit den von den USA vorgegebenen juristischen Rahmenbedingungen zu überprüfen. Die Notwendigkeit stellt sich insbesondere vor

---

[65] Vgl die Gemeinsame Erklärung des *U.S. Department of Commerce* und des *U.S. Department of Treasury* vom 15.3.2016, abrufbar unter https://www.commerce.gov/news/press-releases/2016/03/commerce-and-treasury-announce-significant-amendments-cuba-sanctions.

[66] Ebenda.

[67] Ebenda.

[68] *Rathbone/Jeydel/Lentz*, Sanctions, Sanctions Everywhere: Forging a Path through Complex Transnational Sanctions Laws, Georgetown Journal of International Law 1056, 1079 (2013).

dem Hintergrund, dass die USA aller Voraussicht nach auch künftig entsprechende Verstöße rigoros ahnden werden.

Von der Aufhebung des Wirtschaftsembargos und der Abschaffung oder zumindest Einschränkung der wesentlichen kubanischen Wirtschaftssanktionen sind die USA somit noch weit entfernt. Dies liegt zum einen daran, dass Präsident Obama, trotz seines breiten Ermessensspielraums hinsichtlich der weiteren Modifikation bestehender Handelsbeschränkungen[69], alleine keine umfassenden Aufhebungen von Handelsbeschränkungen auf Grundlage von *Executive Order* anordnen kann, da dies im Widerspruch zu Title II des *Helms-Burton Act* stehen würde.[70] Ferner liegt die Aufhebung der meisten Handelsbeschränkungen von vornherein nicht in den Händen der Exekutive, sondern in denen des Kongresses.[71] Da die dortigen Mehrheitsverhältnisse erst ausgelotet werden müssen[72], wird sich die Normalisierung der Wirtschaftsbeziehungen der USA zu Kuba voraussichtlich weiter verzögern. Dementsprechend wird sich der wirtschaftliche Schaden für Kuba, der sich bereits jetzt auf über US-Dollar 1 Billion[73] belaufen soll, weiter vergrößern.

2. Iran

Während der Iran bis Ende der 1970er Jahre noch starker Handelspartner der USA war, hat sich die politische und wirtschaftliche Beziehung durch die Islamische Revolution und die Geiselnahme von Teheran im Jahre 1979 bis heute extrem verschlechtert.[74] Nachdem die USA bereits unmittelbar nach der Geiselnahme unilaterale Wirtschaftssanktionen gegen den Iran verhängt hatten, beendeten sie im Jahre 1995 sämtliche Wirtschaftsbeziehungen und erklärten das Land zu einem Förderer

[69] *Propst*, Presidential Authority to Modify Economic Sanctions Against Cuba, 11 f.

[70] Siehe 22 U.S.C. § 6064(a).

[71] Siehe die Übersicht bei *Rennack/Sullivan*, Cuba Sanctions: Legislative Restrictions Limiting the Normalization of Relations, June 2015, 3 ff.; *Bauer*, Kuba und die USA rücken zusammen, Neue Zürcher Zeitung, Artikel v. 17. 2. 2016 spricht daher von einem „mühseligen bürokratischen Kleinkrieg [der Obama Regierung], um durch präsidiale Dekrete das Wirtschaftsembargo, über dessen Fall allein der amerikanische Kongress entscheiden kann, zu durchlöchern."

[72] Erste konkrete Vorschläge für entsprechende Gesetzesänderungen sind zwar schon vorgestellt worden – siehe HR 274 Rush und HR 403 Rangel. Diese sind jedoch starkem Gegenwind seitens der Opposition ausgesetzt.

[73] Vgl. Meetings Coverage der U.N. v. 28. 10. 2014, http://www.un.org.

[74] Siehe *Torbat*, Impacts of the US Trade and Financial Sanctions on Iran, The World Economy, Vol. 28, No. 3, 408 f. (2005); *Estelami*, A Study of Iran's Responses to U.S. Economic Sanctions, 3 Middle East Rev. Int'l Affs. 51, 52 f. (1999).

und Unterstützer des Terrorismus, sodass es allen US-amerikanischen Bürgern und Unternehmen in der Folge versagt war, mit dem Iran Geschäfte abzuschließen.[75]

Das seit über vierzig Jahren bestehende US-amerikanische Sanktionsregime ist wahrscheinlich das umfassendste und facettenreichste überhaupt, dessen komplette Darstellung den hiesigen Rahmen sprengen würde.[76] Es basiert neben zahlreichen Akten der Legislative auch auf solchen der Exekutive. Die Präsidenten der USA haben über Jahrzehnte hinweg zahlreiche *Executive Order* erlassen, die sich direkt mit den wirtschaftlichen Beziehungen zu dem Iran befassen und diesbezüglich Rahmenbedingungen festlegen.[77] Daneben bestehen viele weitere *Executive Order*,

---

[75] *Belfer Center for Science and International Affaires*, Sanctions Against Iran: A Guide to Targets, Terms, and Timetables, June 2015 m.w.N.; *Katzman*, Iran Sanctions, August 2015, 5.

[76] Ausführlich *Bhala*, Fighting Iran with Trade Sanctions, 31 Ariz. J. Int'l & Comp. L. 251 (2014); *Farrar*, U.S. Energy Sanctions and the Race to Prevent Iran from Acquiring Weapons of Mass Destruction, 79 Fordham L. Rev. 2347 (2014); *Sharma*, Foreign Policy Ramifications of United States' Iran Policy, International Journal of Management and Social Sciences Research (IJMSSR), Volume 4, No. 4, 15, 17 (April 2015), *dies.*, Evolution of U.S. Sanctions against Iran, International Journal of Management and Social Sciences Research (IJMSSR), Volume 4, No. 5, 115 (May 2015); *Macaluso*, The Apparent Success of Iran Sanctions, The Hague Institute for Global Justice, Working Paper 2, August 2014, 1 ff.; *Anderson*, Good Grief! Iran Sanctions and the Expansion of American Corporate Liability for Non-U.S. Subsidiary Violations Under the Iran Threat Reduction and Syria Human Rights Act of 2012, 34 Nw. J. Int'l L. & Bus. 125, 125 (2013). Daneben geben die für den Kongress erstellten Reporte von *Katzman*, Iran Sanctions, aus den Jahren 2010, 2013 und 2015 einen sehr guten Überblick über die (dann) jeweils geltenden US-amerikanischen Handelsbeschränkungen.

[77] Vgl. Executive Order 12170 – „Blocking Iranian Government Property"; Executive Order 12205 – „Prohibiting Certain Transactions with Iran"; Executive Order 12211 – „Prohibiting Certain Transactions with Iran"; Executive Order 12613 – „Prohibiting Imports from Iran"; Executive Order 12957 – „Prohibiting Certain Transactions with Respect to the Development of Iranian Petroleum Resources"; Executive Order 12959 – „Prohibiting Certain Transactions with Respect to Iran"; Executive Order 13059 – „Prohibiting Certain Transactions with Respect to Iran"; Executive Order 13553 – „Blocking Property of Certain Persons with Respect to Serious Human Rights Abuses by the Government of Iran and Taking Certain Other Actions"; Executive Order 13574 – „Authorizing the Implementation of Certain Sanctions Set Forth in the Iran Sanctions Act of 1996, as Amended"; Executive Order 13590 – „Authorizing the Imposition of Certain Sanctions with Respect to the Provision of Goods, Services, Technology, or Support for Iran's Energy and Petrochemical Sectors"; Executive Order 13599 – „Blocking Property of the Government of Iran and Iranian Financial Institutions"; Executive Order 13606 – „Blocking the Property and Suspending Entry Into the United States of Certain Persons with Respect to Grave Human Rights Abuses by the Governments of Iran and Syria via Information Technology"; Executive Order 13608 – „Prohibiting Certain Transactions with and Suspending Entry Into the United States of Foreign Sanctions Evaders with Respect to Iran and Syria"; Executive Order 13622 – „Authorizing Additional Sanctions with Respect to Iran"; Executive Order 13628 – „Authorizing the Implementation of Certain Sanctions Set Forth in the Iran Threat Reduction and Syria Human Rights Act of 2012 and Additional Sanctions With Respect to Iran"; Executive Order 13645 – „Authorizing the Implementation of Certain Sanctions Set Firth in the Iran Freedom and Counter-Proliferation Act of 2012 and Additional Sanctions with Respect to Iran". Vertiefend *Belfer Center for Science and International Affaires*, Sanctions Against Iran: A Guide to Targets, Terms, and Timetables, June 2015 m.w.N.

die nicht notwendigerweise primär auf den Iran zugeschnitten sind, sich aber auf den Handel mit dem Iran auswirken.[78]

Der Fokus der US-amerikanischen Sanktionen liegt auf dem iranischen Energie- und Finanzsektor, der Haupteinnahmequelle des iranischen Haushalts. Dem Iran soll die Möglichkeit genommen werden, Öl und Gas zu fördern, zu verkaufen, zu exportieren und durch dessen Verkauf Gelder zu generieren. So verabschiedeten die USA nicht nur ein Embargo gegen den Import von iranischem Öl und Gas, sondern erließen auch Regeln, die angrenzende Dienstleistungen, die der Iran beispielsweise zur Förderung oder für den Transport seiner Ressourcen benötigt, verbieten. So ist es (ausländischen) Unternehmen unter anderem untersagt, iranische Ölunternehmen oder deren Schiffe zu versichern oder rückzuversichern. Ferner dürfen dem Iran weder Technik noch Knowhow in Bezug auf die Öl- und Gasförderung bereitgestellt werden. Der Reexport von US-amerikanischen Gütern in den Iran ist vollends untersagt.[79] Ferner dürfen iranischen Unternehmen keine Schiffe geliefert werden, was den Export von Öl und Gas zusätzlich behindert. Auch in die bestehende Ölindustrie darf nicht investiert werden, was es dem Iran erschwert, seine Produktionsanlagen zu erneuern.

Daneben haben es die USA und die EU mit ihren Sanktionen geschafft, den iranischen Finanz- und Bankensektor nahezu völlig vom internationalen Finanzsystem zu isolieren.[80] Einerseits wurde iranischen Banken der Zugang zum US-amerikanischen und internationalen Finanzsystem abgeschnitten, indem ihnen beispielsweise der Zugang zu SWIFT[81] oder das US-Dollar-Clearing verweigert wurde. Iranische Banken sind seither vor enorme Schwierigkeiten gestellt, Gelder international zu bewegen oder Transaktionen in US-Dollar durchzuführen. Andererseits

[78] Vgl. Export Administration Act of 1979, Section 6(j) – „Countries Supporting International Terrorism"; Executive Order 12938 – „Proliferation of Weapons of Mass Destruction"; Executive Order 13224 – „Blocking Property and Prohibiting Transactions with Persons Who Commit, Threaten to Commit, or Support Terrorism"; Executive Order 13382 – „Blocking Property of Weapons of Mass Destruction Proliferators and Their Supporters"; Executive Order 13438 – „Blocking Property of Certain Persons who Threaten Stabilization Efforts in Iraq"; Executive Order 13572 – „Blocking Property of Certain Persons with Respect to Human Rights Abuses in Syria"; USA Patriot Act, Section 311 – „Special Measures for Jurisdictions, Financial Institutions, or International Transactions of Primary Money Laundering Concern". Vertiefend *Belfer Center for Science and International Affaires*, Sanctions Against Iran: A Guide to Targets, Terms, and Timetables, June 2015 m.w.N.

[79] Im Gegensatz zu den Reexportbestimmungen bezüglich Kuba gibt es für den Iran bis dato keine *de-minimis* Ausnahme, vgl. 31 C.F.R. 560.205.

[80] Hierzu *Carter/Farha*, Overview and Operation of U.S. Financial Sanctions, Including the Example of Iran, 44 Geo. J. Int'l L. 903, 910 (2013).

[81] Die *Society for Worldwide Interbank Financial Telecommunication* (SWIFT), ein privates belgisches Konsortium ausländischer Banken, stellt Banken in unterschiedlichen Ländern ein einheitliches System zur Verfügung, mit welchem sie u. a. Interbankenhandel betreiben können. Zur Bedeutung von SWIFT und wie sich die USA Einfluss auf das Konsortium sichert, siehe *Katzenstein*, Dollar Unilateralism: The New Frontline of National Security, 90 Indiana L. J. 293, 327 ff. (2015).

wurden auf ausländischen Konten gehaltene Gelder der iranischen Regierung eingefroren und Banken aufgefordert, Konten iranischer Kunden aufzulösen. Die wichtigsten Regelungen des US-amerikanischen Sanktionsregimes gegenüber dem Iran sollen nachfolgend überblicksartig dargestellt werden.

a) Erste Maßnahmen

Als Reaktion auf die Geiselnahme in der US-amerikanischen Botschaft in Teheran ließ Präsident Carter 1979 mittels *Executive Order 12170* sämtliche Vermögenswerte der iranischen Regierung einfrieren, die entweder in den USA oder in Drittländern unter der Kontrolle von US-amerikanischen Unternehmen oder Individuen standen. Im Ergebnis war dem Iran über Nacht der Zugang zu US-Dollar 12 Milliarden abgeschnitten worden.[82] Nachdem Verbindungen des Irans zu der im Libanon ansässigen terroristischen Vereinigung Hisbollah, die für die Bombardierung des US-amerikanischen Marinestützpunkts in Beirut im Jahre 1983 verantwortlich gemacht wurde, bekannt wurden, erließ Präsident Reagan weitere Sanktionen. Der Iran wurde insbesondere auf die Liste der Terror unterstützenden Länder gesetzt und sodann vom Handel mit „*dual use*"-Technologien[83] ausgeschlossen.

In den 1990er Jahren erweiterte Präsident Clinton das Sanktionssystem gegen den Iran durch *Executive Orders*, unter anderem durch *Executive Order 12957, 12959* und *13059.* Diese untersagten den Handel mit dem Iran und die Ein- und Ausfuhr sämtlicher Güter, Technologien oder Dienstleistungen aus und in den Iran sowie Investitionen in die iranische Wirtschaft.[84] Auch diese haben extraterritorialen Charakter, da nicht nur der Export aus den USA, sondern auch der Export durch jede Person mit US-amerikanischer Staatsbürgerschaft, unabhängig von ihrem Aufenthaltsort, untersagt wurde.[85] Allein unabhängig agierende, ausländische Tochterun-

---

[82] *Johnson*, Explainer: Unpacking The Iran Sanctions, Radio Free Europe/Radio Liberty, Artikel v. 23.3.2015.

[83] *Dual-use* Güter sind solche mit doppeltem Verwendungszweck. Der Begriff umfasst im vorliegenden Kontext insbesondere Gegenstände, Technologien und Kenntnisse, die i.d.R. zivilen Zwecken dienen, die aber auch für militärische Zwecke verwendet werden können. Hierzu http://ec.europa.eu/trade/import-and-export-rules/export-from-eu/dual-use-controls/.

[84] Executive Order 12957 „Prohibiting Certain Transactions with Respect to the Development of Iranian Petroleum Resources" (March 15, 1995) und Executive Order 12959 – „Prohibiting Certain Transactions with Respect to Iran" (May 6, 1995). Diese werden von der Executive Order 13059 – „Prohibiting Certain Transactions with Respect to Iran"(August 19, 1997) zusammengefasst und stützen sich jeweils auf den IEEPA. Vgl. *Ryngaert*, Jurisdiction in International Law, 461 und *Katzman*, Iran Sanctions August 2015, 5; *ders.*, Iran Sanctions 2011, 19.

[85] Executive Order 13059 (August 19, 1997), Section 2(a); vgl. *Ryngaert*, Jurisdiction in International Law, 461. Mit Verabschiedung des CISADA wurde allerdings das Exportverbot aufgeweicht, Ausnahmen geschaffen und den Export unter anderem unter einen Lizenzvorbehalt gestellt. *Katzman*, Iran Sanctions 2011, 19 f und *Clark/Wang*, Foreign Sanctions Countermeasures and Other Responses to U.S. Extraterritorial Sanctions, http://www.nftc.org, 5 f.

ternehmen US-amerikanischer Unternehmen sollen den Maßnahmen nicht unterfallen.[86]

Daneben wurde 1992 der *Iran-Iraq Arms Non-Proliferation Act of 1992* verabschiedet, der die Lieferung solcher Waren oder Technologien an den Iran unterband, die es diesem ermöglichen könnten, „*chemical, biological, nuclear, or destabilizing numbers and types of advances conventional weapons*“ herzustellen.[87]

b) Iran-Libya Sanctions Act

Der ILSA als erster Akt der Legislative, der zudem genau wie der *Helms-Burton Act* im Jahre 1996 verabschiedet worden war[88] und dessen Anwendung im Jahre 2006 allein auf den Iran beschränkt wurde (seitdem *Iran Sanctions Act* (ISA)), verfolgte zunächst das Ziel, dem Iran den Zugang zu ausländischen Finanzquellen zur Instandhaltung und zum Ausbau der iranischen Ölproduktion abzuschneiden. Daneben sollte er verhindern, dass der Iran mittels ausländischer Gelder die Entwicklung von Massenvernichtungswaffen vorantreibt und ausländische terroristische Gruppierungen wie Hisbollah und Hamas weiterhin unterstützt.[89] Das Gesetz, welches nach seinen Förderern als „*D'Amato-Kennedy Act*“ bekannt ist, stellt Investitionen von mehr als US-Dollar 20 Millionen pro Jahr in den iranischen Energiesektor unter Strafe und hat nach US-amerikanischem Verständnis weltweite Geltung.[90] Es zeigt den radikalen Versuch, ausländische Unternehmen dem Sanktionsdiktat der USA unterzuordnen[91] und zielt offensichtlich allein auf deren Sanktionierung ab, da es US-amerikanischen Unternehmen bereits durch das 1995 verhängte Embargo untersagt war, Handel mit dem Iran zu betreiben und entsprechende Investitionen zu tätigen.[92]

Vermeintlicher Schwachpunkt des ursprünglichen Gesetzes war die fehlende Verankerung eines effizienten Verfahrens, wie mit dem Verdacht eines Sanktions-

---

[86] *Katzman*, Iran Sanctions 2011, 21.

[87] Iran-Iraq Arms Non-Proliferation Act of 1992, Pub. L. 102–484, Div. A, Title XVI, 106 Stat. 2571 (23 October 1992).

[88] Iran-Libya Sanctions Act of 1996, Pub. L. No. 104–172, § 5, 110 Stat. 1551, 1543–34 (1996), kodifiziert in 50 U.S.C.A. § 5 note (2000). Zu den Hintergründen des Gesetzes *Rodman*, Sanctions Beyond Borders, Multinational Corporations and U.S. Economic Statecraft, 183 ff.

[89] *Sharma*, Foreign Policy Ramifications of United States' Iran Policy, International Journal of Management and Social Sciences Research (IJMSSR), Volume 4, No. 4, 15, 17 (April 2015).

[90] *See* Iran-Libya Sanctions Act §§ 4–5, 110 Stat. 1542–45. *Ryngaert*, Jurisdiction in International Law, 461; *Graves*, Extraterritoriality and its Limits: The Iran and Libya Sanctions Act of 1996, 21 Hastings Int'l & Comp. L. Rev. 715, 716 (1998); *Rathbone/Jeydel/Lentz*, Sanctions, Sanctions Everywhere: Forging a Path through Complex Transnational Sanctions Laws, Georgetown Journal of International Law 1056, 1071 (2013); *Alexander*, Iran and Libya Sanctions Act of 1996: Congress Exceeds Its Jurisdiction to Prescribe Law, 54 Wash. & Lee L. Rev. 1601, 1602 (1997).

[91] *Graves*, Extraterritoriality and its Limits: The Iran and Libya Sanctions Act of 1996, 21 Hastings Int'l & Comp. L. Rev. 715, 716 (1998).

[92] *Katzman*, Iran Sanctions 2011, 2.

verstoßes umzugehen war. Die Exekutive war nicht gesetzlich verpflichtet, ein förmliches Verfahren einzuleiten, vielmehr stand diese Entscheidung in ihrem Ermessen. Auch konnte der Präsident von der Anordnung von Sanktionen absehen (*waiver*), wenn dies für die nationalen Interessen der USA wichtig war.[93] Diese und andere Ausnahmeregelungen im Gesetz sollten dazu führen, dass bis ins Jahr 2010 kein einziges Verfahren wegen der Verletzung von ILSA eingeleitet bzw. kein einziger Verstoß sanktioniert wurde.[94] Schon die Gefahr der Einleitung eines Verfahrens schien abschreckend genug, auch ausländische Unternehmen von der Aufgabe des Handels mit dem Iran zu überzeugen.[95]

c) Iran Nonproliferation Act of 2000 & Iran Freedom Support Act

Im März 2000 verabschiedete der Kongress den *Iran Nonproliferation Act of 2000*, der Unternehmen, die dem Iran chemische oder biologische Waffen verkaufen oder in diesem Zusammenhang Dienstleistungen anbieten wollen, sanktioniert. Nachdem 2002 bekannt wurde, dass der Iran heimlich zwei atomare Einrichtungen in Natanz und Arak gebaut hatte, wurden neuerliche US-amerikanischer Handelsbeschränkungen verabschiedet. Im Vordergrund der von Präsident George W. Bush per *Executive Order* beschlossenen Maßnahmen stand zunächst das Einfrieren von Vermögenswerten einer Vielzahl von Iranern und iranischen Unternehmen, die sich auf immer umfangreicheren SDN-Listen wiederfanden.[96] Weiterhin wurden ausländischen Unternehmen, die den Iran bei seinem Atomprogramm unterstützen, harte Strafen angedroht.[97]

Im Jahr 2006 wurde zudem der *Iran Freedom Support Act* erlassen, der die Regimegegner und die Opposition im Iran stärken sollte. Das Gesetz verlängerte den *Iran Sanctions Act* um weitere fünf Jahre und verbietet natürlichen wie juristischen Personen zusätzlich, dem Iran dabei zu helfen, chemische, biologische und nukleare

---

[93] *Katzman*, Iran Sanctions 2011, 6; eine auf den ILSA gestützte Befreiung (*waiver)* wurde, soweit ersichtlich, nur ein einziges Mal gegenüber dem Ölkonzern Total S.A. im Jahre 1998 erteilt.

[94] *Farrar*, U.S. Energy Sanctions and the Race to Prevent Iran from Acquiring Weapons of Mass Destruction, 79 Fordham L. Rev. 2347, 2363 (2014); *Katzman*, Iran Sanctions 2011, 5.

[95] Das Vorgehen der USA stand, wie noch dargestellt werden wird, unter massiver internationaler Kritik. Dennoch ließen sich die USA nicht von ihrem eingeschlagenen expansiven Sanktionskurs abbringen, was sich unter anderem daran festmachen lässt, dass die Legislative den ILSA seit 1996 nicht weniger als sechs Mal erweitert und dessen Regelungsinhalte durch die nachfolgend dargestellten Akte regelmäßig verschärft hat. Siehe *ILSA Extension Act of 2001*; *Iran Freedom Support Act of 2001*; *Comprehensive Iran Sanctions, Accountability, and Divestment Act of 2010 (CISADA)*; *National Defense Authorization Act of 2012, Iran Threat Reduction and Syria Human Rights Act of 2012* und den *Iran Freedom and Counter Proliferation Act of 2012 (Subtitle D of the National Defense Authorization Act for Fiscal Year 2013).*

[96] Hierzu *Kittrie*, Averting Catastrophe: Why the Nuclear Nonproliferation Treaty Is Losing Its Deterrence Capacity and How to Restore It, 28 Mich. J. Int'l L. 337, 368 (2007).

[97] *Katzman*, Iran Sanctions 2010, 34.

Waffen zu bauen oder diesen bei der Akquise von „*destabilizing numbers and types of advanced conventional weapons*" zu unterstützen. Das Gesetz kodifiziert zudem einige zuvor ergangene *Executive Orders*, die den Handel mit dem Iran einschränken.[98]

d) Comprehensive Iran Sanctions, Accountability and Divestment Act (CISADA)

Trotz des immer dichter werdenden Sanktionsnetzes der USA schien es ausländischen Unternehmen nach wie vor möglich, sich auf eine der zahlreichen Rechtfertigungs- oder Ausnahmeklauseln zu berufen, um sich der Sanktionierung ihres Verhaltens durch die US-amerikanischen Behörden zu entziehen. Ausländische Unternehmen, die gegen das US-amerikanische Sanktionsregime verstoßen hatten, profitierten zudem von deren zögerlicher Anwendung seitens der Exekutive.[99]

Die Regierung unter Präsident Obama, die es sich zur Aufgabe gemacht hatte, den Druck gegenüber dem Iran zu intensivieren, sollte dies ändern. Nach Monaten des internationalen Protests gegenüber der Weigerung des Irans, Kontrolleure der internationalen Atombehörden ins Land zu lassen, verabschiedete der Kongress als weiteren Meilenstein im Juli 2010 den *CISADA*, der den territorialen Anwendungsbereich des ISA drastisch ausweitet. Das Gesetz weitet US-amerikanische Handelsbeschränkungen einerseits auf ausländische Unternehmen[100] im Öl-, Gas- und Energiesektor und andererseits auf ausländische Finanzinstitute, die mit dem Iran oder iranischen Unternehmen Handel treiben, aus.[101] So weist beispielsweise § 104 des Gesetzes die Exekutive an, ausländische Banken abzustrafen, sofern diese mit solchen Personen oder Unternehmen, die auf den SDN-Listen aufgeführt sind oder mit denen der Handel aufgrund einer der *Executive Order* untersagt ist, Finanztransaktionen vorzunehmen. Ziel der Vorschrift ist es, dem Iran den Zugang zum internationalen Finanzmarkt zu versagen und ihm damit den Transfer von Geldern zu erschweren.[102]

---

[98] *Katzman*, Iran Sanctions August 2015, 10; *ders.*, Iran Sanctions 2011, 3.

[99] *Katzman*, Iran Sanctions 2011, 7.

[100] Ausländische Unternehmen verhalten sich rechtswidrig, wenn diese nach 31 C.F.R § 560.215(a) „knowingly engage in any transaction, directly or indirectly, with the Government of Iran or any person subject to the jurisdiction of the Government of Iran that would be prohibited pursuant to this part if engaged in by a United Stated person or in the United States", wobei der Begriff *knowingly* sowohl Kenntnis als auch das Kennenmüssen umfasst, vgl. 31 C.F.R § 560.215(b); *Farrar*, U.S. Energy Sanctions and the Race to Prevent Iran from Acquiring Weapons of Mass Destruction, 79 Fordham L. Rev. 2347, 2368 (2014).

[101] *O.V.*, Developments in the Law – Extraterritoriality, 124 Harv. L. Rev. 1226, 1250 (2011), in welchem die Autoren das Gesetz als „at least as provocative as Helms-Burton and the ILSA – and of equally dubious permissibility under international law" bezeichnen. Zum Gesetz *Kline*, When Comprehensive Falls Short: The Comprehensive Iran Sanctions, Accountability, and Divestment Act of 2010, 3 Geo. Mason J. Int'l Com. L. 219 (2011).

[102] *Katzman*, Iran Sanctions 2011, 24.

Erkennbar ist zudem, dass die USA ausländische Unternehmen vor die Wahl zwischen dem Handel mit dem Iran oder mit den USA stellen wollen. Um beispielsweise Aufträge von der US-amerikanischen Regierung erhalten zu können, sind Unternehmen aufgefordert, durch eine interne Untersuchung zu bestätigen, dass weder sie noch eines ihrer (ausländischen) Tochterunternehmen sanktionswidrig tätig sind.[103]

Auch verfahrensrechtlich zieht der *CISADA* die Zügel an. Angesichts der Tatsache, dass bis dahin augenscheinlich nur eine Untersuchung eines etwaigen Verstoßes gegen ILSA eingeleitet worden war, wurde das Prozedere bei Bekanntwerden eines sanktionsfähigen Verhaltens verschärft. *CISADA* verpflichtet den Präsidenten, eine Untersuchung einzuleiten, sobald ihm belastbare Anhaltspunkte bezüglich eines Verstoßes gegen das Iran-Sanktionsregime vorliegen. Zum anderen hat er den Kongress über seine Entscheidung innerhalb von 180 Tagen zu informieren.[104] Der *CISADA* limitiert zudem die der Exekutive eingeräumte Möglichkeit, von der Verfolgung oder der Sanktionierung von verbotenem Verhalten abzusehen. Für den Fall, dass ein Verstoß festgestellt werden kann, sind mindestens drei von neun aufgelisteten Sanktionen auszusprechen.[105] Weiterhin kann der Präsident zwar von der Anordnung von Sanktionen absehen, allerdings wurden die Voraussetzungen für eine solche Befreiung (*waiver*) verschärft. Er darf nur erteilt werden, wenn dies zur Einhaltung nationaler Interessen notwendig ist.[106]

Dennoch kennt auch der *CISADA* spezielle Ausnahmevorschriften. Die „*Special Rule*"[107] erlaubt beispielsweise die Absehung von Strafe, wenn das gegen die US-amerikanischen Sanktionen verstoßende (ausländische) Unternehmen ernsthaft und überzeugend erklärt, dass es sich zukünftig von einer geschäftlichen Betätigung im Iran zurückziehen wird; eine Regelung, die insbesondere die europäischen Ölkonzerne Total, Eni, Statoil und Royal Dutch Shell vor Strafe bewahrte.[108]

Der von Präsident Obama aufgebaute Druck blieb nicht ohne Folgen. Auch die EU und die UN erließen im gleichen Zeitraum neue und umfassende Sanktionsregime gegen den Iran[109]. Aufgrund der Verschärfung des internationalen und US-amerikanischen Sanktionsrechts und der Ausweitung deren extraterritorialer Anwendung stellten internationale Unternehmen wie Siemens, Daimler und Thyssen-

---

[103] § 102(b) CISADA, vgl. *Katzman*, Iran Sanctions 2013, 8.

[104] § 102 CISADA.

[105] *Katzman*, Iran Sanctions 2010, 4 f.

[106] *Katzman*, Iran Sanctions 2011, 6.

[107] § 102(g) CISADA.

[108] *Katzman*, Iran Sanctions 2011, 9.

[109] Auf Seiten der Vereinten Nationen sind insbesondere die Resolutionen des Weltsicherheitsrats 1737 (Dec. 23, 2006); 1747 (March 24, 2007); 1803 (March 3, 2008) und 1929 (June 9, 2010) zu nennen, die sich vorrangig gegen die Herstellung und Erlangung von Massenvernichtungswaffen durch den Iran richten.

Krupp und deren ausländische Tochterunternehmen den Handel mit dem Iran im Jahre 2010 mehr oder weniger freiwillig ein.[110]

e) Iran Threat Reduction and Syria Human Rights Act of 2012 (ITRA) & Iran Freedom and Counter-Proliferation Act of 2012 (IFCA)

Im Nachgang zum *CISADA* wurde das extraterritorial zur Anwendung kommende US-amerikanische Sanktionsnetz noch stärker ausgeweitet. Der im Dezember 2011 verabschiedete § 1245 des *National Defense Authorization Act (Fiscal Year 2012)* sieht beispielsweise vor, dass ausländische Banken, die mit der Zentralbank des Iran Geschäfte machen, grundsätzlich in den USA sanktioniert werden können.

Der *Iran Threat Reduction and Syria Human Rights Act of 2012*, der im August 2012 verabschiedet wurde, sanktioniert (auch ausländische) Unternehmen, die den Iran mit Produkten, Dienstleistungen oder Technologien versorgen, die dazu beitragen können, dass der Iran seinen Ölsektor aufrechterhält oder diesen ausbaut.[111] Dies stellt insofern eine Erweiterung der Sanktionierung dar, als es US-amerikanische Unternehmen für Verfehlungen ihrer ausländischen Tochterunternehmen haftbar macht.[112] Damit sollten vermeintliche Lücken im extraterritorialen Sanktionsregime geschlossen werden. Ferner sieht das Gesetz die Sanktionierung von (auch ausländischen) Unternehmen vor, die auf dem Seeweg iranisches Öl transportieren. Außerdem müssen alle Einnahmen, die der Iran mit seinem Ölverkauf erzielt, in spezielle Treuhandkonten (*escrow accounts*) fließen.

Der *Iran Freedom and Counter-Proliferation Act of 2012* (IFCA) sanktioniert ausländische Banken und Unternehmen, sofern diese in Handel oder Transaktionen im Bereich Energie, Häfen, Schifffahrt, oder Schiffsbau oder dem Handel mit Metallen mit dem Iran involviert sind. Auch erweitert das Gesetz die Restriktionen um solche im Bereich des Versicherungs- und Rückversicherungswesens. Im Juni 2013 wurde zudem mittels *Executive Order 13645* der willentliche Handel mit dem iranischen Rial sowie die Aufbewahrung von Rial außerhalb des Iran in nicht unbedeutender Menge durch ausländische Finanzinstitute verboten und entsprechend sanktioniert.

---

110 *Katzman*, Iran Sanctions 2011, 22 und 45.

111 Umfassend *Anderson*, Good Grief! Iran Sanctions and the Expansion of American Corporate Liability for Non-U.S. Subsidiary Violations Under the Iran Threat Reduction and Syria Human Rights Act of 2012, 34 Nw. J. Int'l L. & Bus. 125, 125 ff. (2013).

112 Vgl. § 218 Iran Threat Reduction and Syria Human Rights Act of 2012. *Anderson*, Good Grief! Iran Sanctions and the Expansion of American Corporate Liability for Non-U.S. Subsidiary Violations Under the Iran Threat Reduction and Syria Human Rights Act of 2012, 34 Nw. J. Int'l L. & Bus. 125, 136 und 138 (2013).

f) Jüngster Kurswechsel der USA

Am 24. November 2013 haben sich China, Frankreich, Deutschland, die Russische Föderation, das Vereinigte Königreich und die USA, unterstützt von der Hohen Vertreterin der Union für Außen- und Sicherheitspolitik, mit dem Iran auf einen gemeinsamen Aktionsplan (*Joint Plan of Action* (JPOA)) mit einem Konzept für eine langfristige umfassende Lösung für die iranische Nuklearfrage verständigt. Nachdem bereits auf Basis des Genfer Aktionsplans bestimmte US-amerikanische und europäische Sanktionen gegen den Iran suspendiert wurden[113], haben die Verhandlungsparteien am 14. Juli 2015, teilweise unter internationalem Protest[114], eine Grundsatzeinigung (*Joint Comprehensive Plan of Action* (JCPOA))[115] zum Abbau der verbleibenden Iran-Sanktionen erzielt. Der *JCPOA* ist als Annex A Bestandteil der U.N.-Resolution 2231 (2015). Dessen Anhänge befassen sich mit dem Rückbau des iranischen Nuklearprogramms (Annex I), den Sanktionslockerungen auf Seiten der USA und der EU (Annex II), einer Liste der Personen und Unternehmen, bei denen Individualsanktionen aufgehoben werden sollen (Annex II Attachment), Einzelheiten hinsichtlich des zivilen Nuklearprogramms (Annex III), der Arbeitsweise der zu bildenden „Joint Commission" (Annex IV) sowie einer Beschreibung eines genauen Zeitplans der Umsetzungsmaßnahmen (Annex V). Die Vereinbarung zielt sowohl auf den Abbau aller UN-Sanktionen als auch aller multilateraler und unilateraler Sanktionen hinsichtlich des iranischen Atomprogramms, einschließlich einzelner Handelssanktionen in den Bereichen Technologie und Energie, ab. Im Gegenzug verpflichtet sich der Iran, zu keinem Zeitpunkt die nukleare Bewaffnung anzustreben, entsprechende Waffen zu entwickeln oder zu erwerben, und, um dies sicherzustellen, regelmäßig umfassende Inspektionen im eigenen Land zuzulassen.

aa) Kernpunkte

Der Abbau bzw. die Aussetzung der Sanktionen erfolgt schrittweise. Nachdem der *JCPOA* von den einzelnen Staaten umgesetzt worden ist, ist der Großteil der Änderungen zum „*Implementation Day*" am 16. Januar 2016 in Kraft getreten, nachdem die *International Atomic Energy Agency* (IAEA) bestätigt hatte, dass sich der Iran

[113] Der gemeinsame Plan ist unter https://www.iaea.org abrufbar. Gegenstand des Plans war die Lockerung von Sanktionen, die das Verbot der Erbringung von Versicherungs- oder Rückversicherungsleistungen für iranisches Rohöl und dessen Beförderung betrafen. Daneben behandelt dieser das Verbot der Einfuhr, des Erwerbs oder der Beförderung iranischer petrochemischer Erzeugnisse und die Erbringung diesbezüglicher Dienstleistungen, das Verbot des Handels mit Gold und Edelmetallen mit der iranischen Regierung, ihren öffentlichen Einrichtungen und der Zentralbank Irans und mit in deren Namen handelnden Personen und Einrichtungen.

[114] Insbesondere Kanada und Israel haben das Abkommen öffentlich stark kritisiert, siehe *Torrance*, Canada Leads on Opposing Iran Deal, The Weekly Standard, Artikel v. 14. 8. 2015 und *Kershner*, Iran Deal Denounced by Netanyahu as ‚Historic Mistake', The New York Times, Artikel v. 14. 7. 2015.

[115] Abrufbar unter https://www.iaea.org.

unter anderem an die von ihm gemachten Zusagen in Bezug auf sein Atomprogramm hält. Dabei können die Sanktionen mittels einer sogenannten „*snap back*"-Regelung wieder aufleben, sollte der Iran seine im *JCPOA* verankerten Zusagen nicht im Wesentlichen einhalten.

Zum „*Implementation Day*" ist zunächst eine Reihe von Handelsbeschränkungen aufgehoben worden. Im Bereich der extraterritorial wirkenden Sanktionen sind insbesondere Transaktions- und Handelsrestriktionen in den Bereichen Energie, Automobil und Transport sowie dem Bankwesen gestrichen worden. Transaktionen mit den meisten iranischen Finanzinstitutionen sollen genauso wieder möglich sein wie der Handel mit dem iranischen Rial. Auch dürfen der iranischen Regierung wieder US-Dollarnoten bereitgestellt werden. Daneben werden Sanktionen, die die Erdölförderung des Irans limitiert hatten, abgebaut. Firmen im Energiesektor ist der Handel und die Zusammenarbeit mit Drittfirmen sowie der Bezug von iranischem Erdöl und -produkten wieder erlaubt. Schließlich soll auch der Handel mit der iranischen Schiffindustrie und den Hafenbetreibern geöffnet werden.[116]

Dies heißt aber nicht, dass etwa sämtliche extraterritorial geltenden US-amerikanischen Sanktionen gegenüber dem Iran aufgehoben worden sind. Im Gegenteil, das grundsätzliche Sanktionsgerüst der USA, einschließlich des Comprehensive Iran Sanctions, Accountability and Divestment Act (CISADA)[117] und des Iran Freedom and Counter-Proliferation Act of 2012 (IFCA)[118], ist weiterhin in Kraft. Die dort verankerten Sanktionen behalten nach wie vor Geltung.

---

[116] Siehe *Katzman*, Iran Sanctions August 2015, 58 ff. Welche U.S.-amerikanischen Sanktionen am „*Implementation Day*" gelockert bzw. ausgesetzt werden sollem, stellt zudem das vom OFAC publizierte Memorandum, abrufbar unter https://www.treasury.gov/resource-center/sanctions/Programs/Documents/implement_guide_jcpoa.pdf, dar.

[117] Der *CISADA* weitet US-amerikanische Handelsbeschränkungen einerseits auf ausländische Unternehmen im Öl-, Gas- und Energiesektor und andererseits auf ausländische Finanzinstitute, die mit dem Iran oder iranischen Unternehmen Handel treiben, aus. So weist beispielsweise § 104 des Gesetzes die Exekutive an, ausländische Banken abzustrafen, sofern diese mit solchen Personen oder Unternehmen, die auf den SDN-Listen aufgeführt sind oder mit denen der Handel aufgrund einer der *Executive Order* untersagt ist, Finanztransaktionen vorzunehmen. Ziel der Vorschrift ist es, dem Iran den Zugang zum internationalen Finanzmarkt zu versagen und ihm damit den Transfer von Geldern zu erschweren. Zum Gesetz *Kline*, When Comprehensive Falls Short: The Comprehensive Iran Sanctions, Accountability, and Divestment Act of 2010, 3 Geo. Mason J. Int'l Com. L. 219, 219 ff. (2011).

[118] Der *IFCA* sanktioniert bspw. ausländische Banken und Unternehmen, sofern diese in Handel oder Transaktionen im Bereich Energie, Häfen, Schifffahrt, oder Schiffsbau oder dem Handel mit Metallen mit dem Iran involviert sind. Auch erweitert das Gesetz die Restriktionen um solche im Bereich des Versicherungs- und Rückversicherungswesens. Im Juni 2013 wurde zudem mittels *Executive Order 13645* der willentliche Handel mit dem iranischen Rial sowie die Aufbewahrung von Rial außerhalb des Iran in nicht unbedeutender Menge durch ausländische Finanzinstitute verboten und entsprechend sanktioniert.

Hält der Iran seine im *JCPOA* verankerten Zusagen ein, sollen zum „*Transition Day*“[119] – spätestens acht Jahre nach dem „*Implementation Day*“ – weitere Sanktionen abgebaut werden. Die USA wollen dann beispielsweise weitere Personen und Unternehmen von den SDN-Listen streichen und bestimmte Maßnahmen, die Irans Atomprogramm beschränken, lockern. Sowohl EU als auch UN streben zudem den Abbau der Restriktionen bezüglich ballistischer Raketen an.[120] Zehn Jahre nach dem 18. Oktober 2015, dem „*Adoption Day*“[121], will der Sicherheitsrat der Vereinten Nationen schließlich alle verbleibenden Maßnahmen der U.N. Resolution 2231 gegen den Iran und die EU alle entsprechenden europäischen Umsetzungsakte abgebaut haben. Die USA wollen alle Sanktionen hinsichtlich des iranischen Nuklearprogramms, die bis dahin noch nicht aufgehoben worden sind, aufheben.

bb) Problemfelder für international agierende Unternehmen

Der jüngste Kurswechsel soll nicht darüber hinwegtäuschen, dass das *JCPOA* den US-amerikanischen Unternehmen und deren ausländischen Tochterunternehmen, also solchen, die von einer US-Person geleitet oder maßgeblich konrolliert werden, nur bedingt neue Möglichkeiten des Handels mit dem Iran bietet und damit für eine Diskrepanz zwischen US-amerikanischen und ausländischen Marktteilnehmern sorgt. Während für letztere der Handel mit dem Iran – wie gezeigt – weitgehend geöffnet wird, wird US-amerikanischen Unternehmen sowie deren ausländischen Tochterunternehmen der Handel mit dem Iran allein in Teilbereichen und gegebenenfalls sogar nur unter Lizenzvorbehalt (*General License H)* und dem Vorliegen weiterer Voraussetzungen erlaubt. Da die USA aber Export- und Reexport-Begrenzung in Bezug auf US-amerikanische Güter nicht aufgehoben haben, müssen auch beispielsweise deutsche Unternehmen aufpassen, dass sie weiterhin keine Güter in den Iran ausführen, die US-amerikanischen Ursprungs sind oder aus nicht nur unwesentlichen US-amerikanischen Komponenten bestehen.[122]

Dem US-amerikanischen Finanzsektor hat der Abbau der Handelsbeschränkungen zum „*Implementation Day*“ nicht wirklich geholfen. US-amerikanische Banken

---

[119] Dieser liegt entweder acht Jahre nach dem „*Implementation Day*“ oder schon dann vor, wenn die IAEA und der UN Sicherheitsrat bestätigen, dass der Iran objektiv zur Einsicht gelangt ist, dass „all nuclear material in Iran remains in peaceful activities“.

[120] Restriktionen hinsichtlich konventioneller Waffen sollen bereits spätestens fünf Jahre nach dem „*Adoption Day*“ abgebaut werden.

[121] Der „*Adoption Day*“ betrifft die Rechtswirksamkeit des JCPOA und ist auf spätestens 90 Tage nach der U.N.-Resolution datiert. Mit dem „*Adoption Day*“ muss der Iran mit dem Rückbau des Nuklearprogramms gemäß dem Implementierungsplan beginnen. Außerdem müssen bereits zu diesem Zeitpunkt Rechtsakte zur Umsetzung des Sanktionsabbaus veröffentlicht werden, in der EU insbesondere eine Änderungsverordnung zur VO (EU) Nr. 267/2012. Die darin vorgesehenen Änderungen werden jedoch nicht unmittelbar in Kraft treten, sondern sind aufschiebend bedingt bis zum Bericht der IAEO am „*Implementation Day*“ über die Durchführung der ersten grundlegenden Rückbauschritte ausgestaltet.

[122] Vgl. *Pfeil/Mertgen*, Compliance im Außenwirtschaftsrecht, 107.

dürfen, bis auf eine Ausnahme, keine Transaktionen mit iranischen Unternehmen oder Personen durchführen.[123] In Bezug auf Dritte, die dem US-amerikanischen Sanktionsregime nicht unterliegen, ist es ihnen weiterhin untersagt, Transaktionen in Bezug auf den Iran durchzuführen oder zu ermöglichen, es sei denn, dass diese Transaktion ausnahmsweise mittels ITSR Lizenz genehmigt wurde. Der Aktionsradius ausländischer Banken im Iran ist dagegen weitaus größer, selbst wenn sie mit Unternehmen oder Banken Transaktionen abwickeln, die US-amerikanischen Banken nicht erlaubt wären.[124]

Doch selbst in Szenarien, in welchen ausländischen Unternehmen oder Banken ohne US-amerikanischen Nexus nach europäischen und gegebenenfalls auch US-amerikanischen Maßstäben der Handel mit einem iranischen Unternehmen vordergründig erlaubt zu sein scheint, ist weiterhin Vorsicht geboten. So seien ausländische Unternehmen oder Banken – unabhängig eines US-amerikanischen Nexus – weiterhin an den „*facilitation*"-Tatbestand erinnert. Nach wie vor ist es diesen nach US-amerikanischem Recht nicht nur untersagt, mit bestimmten iranischen Unternehmen oder Organisationen, die auf den SDN-Listen aufgeführt sind, Finanztransaktionen durchzuführen, schon das Ermöglichen oder die aktive oder signifikante Unterstützung solcher Transaktionen durch Dritte (*facilitate*) ist untersagt. Auch wenn mittlerweile etwa 400 Unternehmen und Personen von dieser Liste gestrichen wurden (*delisting*), darunter so bedeutende Unternehmen wie beispielsweise die National Iranian Oil Company, die Naftiran Intertrade Company sowie die National Iranian Tanker Company, verbleiben nach wie vor mehr als 200 Einträge in der SDN-Liste, mit denen weder gehandelt, noch der Handel von Dritten ermöglicht werden darf (*facilitation*).[125]

Besondere Brisanz entsteht durch das Problem, dass der Abbau der US-amerikanischen Iran-Sanktionen nicht immer im Gleichklang mit dem Abbau derjenigen der EU und der UN verläuft. Während beispielsweise die EU die *Iran's Islamic Revolutionary Guard Corps* von ihrer Sanktionsliste streichen will, soll diese Organisation auch zukünftig auf den SDN-Listen der USA geführt werden. Für international agierende Unternehmen mit Sitz in Europa können entsprechende Diskrepanzen zwischen der europäischen und der US-amerikanischen Sanktionsdichte insofern ein Dilemma darstellen, als sie einerseits den Handel mit entsprechenden Personen nicht gerechtfertigt einstellen oder die jeweilige Transaktion mit dieser Person nicht blockieren können[126], ihnen dies aber andererseits durch die US-

[123] Vgl. die vom *U.S. Department of the Treasury* bereitgestellte Übersicht zu den wichtigsten Fragen und Antworten im Hinblick auf den jüngsten Kurswechsel der US-amerikanischen Regierung, abrufbar unter https://www.treasury.gov/resource-center/sanctions/Programs/Documents/jcpoa_faqs.pdf, 12 ff.

[124] Ebenda.

[125] Ebenda.

[126] Ein drohender Verstoß gegen eine US-amerikanische Sanktionsregelung stellt nach Entscheidung des OLG Frankfurt a. M., Urteil v. 9.5.2011 – 23 U 30/10, BeckRS 2011, 16032 kein Leistungsverweigerungsrecht dar und führt nicht zur rechtlichen Unmöglichkeit der

amerikanische Sanktionen aufgetragen wird. Entschließt sich das Unternehmen, sich dem US-Sanktionsrecht zu unterwerfen, widerspricht dies geltendem EU-Recht.[127] Will es sich EU-gesetzeskonform verhalten, indem es das geltende US-amerikanische Sanktionsrecht nicht beachtet, droht ihr ein US-amerikanisches Sanktionsverstoßverfahren.

Solange die USA ihren Plan, gerade die extraterritorial wirkenden US-amerikanische Sanktionen für nichtamerikanische Dritte – exklusive ausländischer Tochtergesellschaften von US-amerikanischen Unternehmen – universell abzubauen, nicht umgesetzt haben, laufen Dritte, die im Iran Handel treiben, weiterhin Gefahr, sich in den USA verantworten zu müssen.

Unternehmen – unabhängig vom US-amerikanischen Nexus –, die ihre wirtschaftlichen Aktivitäten im Iran aufbauen oder ausdehnen wollen, sind daher angehalten, nach wie vor äußerst vorsichtig zu agieren und die Rechtslage genau zu überprüfen.[128]

IV. Konsequenz von Sanktionsverstößen

Die Überwachung und Durchsetzung des US-amerikanischen Sanktionsregimes unterliegt einer Vielzahl von Behörden. Bezüglich entsprechender Strafverfahren ist das US-amerikanische Justizministerium (*U.S. Department of Justice* (DOJ)) für die Koordination und (teilweise auch) Durchsetzung der extraterritorialen Sanktionen zuständig. Das *OFAC* als Exportkontrollbehörde ist dagegen vornehmlich für die zivilrechtliche Ahndung von Sanktionsverstößen zuständig. Es ist zudem für die Koordination der US-amerikanischen Sanktionsprogramme verantwortlich, gibt die Sanktionen bekannt und veröffentlicht diese, erstellt die SDN-Listen und setzt die entsprechenden Handelsbeschränkungen gegenüber Verletzern durch.[129]

Daneben können bei der Durchsetzung der Sanktionen (zusätzlich) auch andere Institutionen involviert sein. Im Fall der Commerzbank AG, die sich u. a. für Verstöße

Leistung. Entscheidungsbesprechung von *Wöhlert*, EU-Verordnungen genießen beim Einfrieren von Geldern gegenüber einer Exekutiv-Order des Präsidenten der USA Anwendungsvorrang, GWR 2011, 340, Kritisch *Mayer/Albrecht*, Bankvertrag und Finanzsanktionen: Leistungsverweigerungsrecht bei drohendem Verstoß gegen US-Verordnungen?, WM 2015, 1226 (1226 ff.). Ähnlich LG Hamburg, RIW 2015, 458 mit Anmerkung *Mankowski*, Deutscher Versicherer und das US-Embargo gegen den Iran – ein kleines Lehrstück zu ausländischen Eingriffsnormen, RIW 2015, 405.

[127] Vgl. Art. 5 Abs. 1 der Verordnung (EG) 2271/96, EU ABl. 1996, L 309, 2.

[128] Hinsichtlich der praktischen Probleme, denen sich Tochtergesellschaften US-amerikanischer Konzerne bei der Organisation der Compliance-Programme ausgesetzt sehen, sei auf *Pfeil/Mertgen*, Compliance im Außenwirtschaftsrecht, 255 verwiesen.

[129] Die Historie der Behörde und deren Aufgabenspektrum können auf der Website des OFAC in Erfahrung gebracht werden, siehe http://www.ustreas.gov und http://www.treasury.gov.

gegen die den Iran betreffenden US-amerikanischen Handelsrestriktionen zu verantworten hatte, wurde das Strafverfahren vom *DOJ* und dem *Manhattan District Attorney* geführt. Das zivilrechtliche Verfahren unterlag der Hoheit des *Board of Governors of the Federal Reserve System* und dem *New York State Department of Financial Services.*[130] Zwei anderen Behörden, denen eine Rolle oder Spezialzuständigkeit bei der Überwachung und Durchsetzung einzelner Sanktionen zukommt, sind das *Bureau of International Security and Nonproliferation* sowie das *U.S. Bureau of Industry and Security.*

Das *OFAC* hat bei der Festsetzung der für die wegen der Verletzung des Sanktionsregimes zu verhängenden Strafen und insbesondere bei der Bestimmung von deren Höhe einen weiten Ermessenspielraum. Im Rahmen der Verstoßprüfung soll die Frage, ob das etwaig gegen die Sanktionen verstoßende Verhalten eines im Ausland ansässigen Verletzers nach ausländischem Recht gerechtfertigt war, aber regelmäßig keine Rolle spielen.[131]

Die Strafe kann signifikant sein. Grundsätzlich drohen Verletzern sowohl zivilrechtliche als auch strafrechtliche Folgen. Je nachdem, welches Sanktionsprogramm verletzt wurde, sind bei vorsätzlichem (*willfull*) Handeln sowohl Geldstrafen von US-Dollar 20.000.000 pro Verstoß als auch (parallel) Gefängnisstrafen von bis zu 30 Jahren möglich.[132] Daneben können zivilrechtliche Ansprüche treten. Für Verletzungen des *TWEA* können Ersatzansprüche von bis zu US-Dollar 65.000 je Verletzungshandlung geltend gemacht werden. Bei entsprechenden Verletzungen des *IEEPA* drohen Strafen in Höhe von bis zu US-Dollar 250.000 pro Verletzungshandlung oder des doppelten Transaktionswerts. Dabei kann unter Umständen auch die US-amerikanische Muttergesellschaft für Verfehlungen der ausländischen Tochtergesellschaft belangt werden.[133]

Neben den straf- und zivilrechtlichen Sanktionen[134] drohen den verantwortlichen Unternehmen erhebliche Imageschäden, Handelsbeschränkungen innerhalb der und mit den USA sowie die verschärfte Überwachung der Geschäftstätigkeit durch US-

---

[130] Vgl. die Presseerklärung – Enforcement Information – des OFAC v. 12. 3. 2015, abrufbar unter http://www.treasury.gov/ofac/enforcement.

[131] Vgl. OFAC Economic Sanctions Enforcement Guidelines, 7, abrufbar unter http://www.treasury.gov: „OFAC does not agree that the permissibility of conduct under the applicable laws of another jurisdiction should be a factor in assessing apparent violation of U.S. laws." Allein bei einer gesetzlich festgeschriebenen Pflichtenkollision will OFAC Entsprechendes im Rahmen der Ermessenentscheidung berücksichtigen.

[132] Vgl. die Ausführungen des OFAC unter „Basic Information", http://www.treasury.gov.

[133] Einen solchen Rückgriff auf die Muttergesellschaft regelt beispielsweise 31 C.F.R. § 560.701. Im *Iran Threat Reduction and Syria Human Rights Act of 2012* ist in § 218 die Haftung der Muttergesellschaft für die ausländische Tochtergesellschaft verankert. *Lau*, Triggering Parent Company Liability Under United States Sanctions Regimes: The troubling Implications of Prohibiting Approval and Facilitation, 41 Am. Bus. L.J. 413, 413 (2004).

[134] 50 U.S.C. § 1705 und 31 C.F.R. § 501.701. Beispielsfälle gerade auch in Bezug auf die Ahndung von Verstößen ausländischer, also nicht US-amerikanischer Unternehmen, siehe *Ryngaert*, Extraterritorial Export Controls (Secondary Boycotts), Chinese JIL 625, 637 (2008).

amerikanische Behörden wie beispielsweise der Börsenaufsicht (*Securities Exchange Commission* (SEC)).[135] Auch kann mittels *denial order* dem Betroffenen jede Beteiligung am Exporthandel mit den USA oder mit US-amerikanischen Gütern untersagt werden.[136] Daneben droht der Entzug sonstiger Handelslizenzen und Exportprivilegien.[137] OFAC publiziert zudem unter anderem eine Liste ausländischer Unternehmen, die selbst gegen US-amerikanische Handelsbeschränkungen verstoßen oder US-amerikanische Unternehmen in den USA hierbei unterstützen oder entsprechend angestiftet haben. Mit diesen sogenannten „*Foreign Sanctions Evaders*" dürfen inländische Unternehmen wiederum keinen Handel betrieben, was das ausländische Unternehmen äußerst hart treffen kann.

Im Zusammenhang mit der Sanktionierungsmacht der USA spielt der US-Dollar eine enorme Bedeutung. Gekonnt nutzen die USA dessen Prävalenz als internationale Leit- und Reservewährung und wichtigste internationale Transaktionswährung aus. Zudem wird die Tatsache ausgenutzt, dass die Federal Reserve alle Transaktionen in US-Dollar abwickelt und internationale Banken, sofern sie Zugang zum wichtigen US-amerikanischen Finanzmarkt und den US-Dollar haben wollen, entweder einen Standort in den USA eröffnen müssen, oder aber ein Konto bei einer anderen US-amerikanischen Bank unterhalten müssen.[138] Diese Abhängigkeit ermöglicht es den USA insbesondere auf internationale Finanzakteure, sei es durch die Verhängung extraterritorial wirkender Finanztransaktionsbeschränkungen oder in direkten Gesprächen[139], Druck auszuüben und so die eigenen politischen Ziele zu erreichen.[140] Dies wird sowohl anhand der dargestellten Finanzsanktionen gegenüber Kuba als auch den entsprechenden Vorschriften im *CISADA* und *ITRA* in Bezug auf den Iran deutlich.[141] Angesichts der Abhängigkeit der Institute vom US-Dollar, dem

[135] *Rathbone/Jeydel/Lentz*, Sanctions, Sanctions Everywhere: Forging a Path through Complex Transnational Sanctions Laws, Georgetown Journal of International Law 1056, 1058 (2013) m.w.N.

[136] *Ziegenhain*, Extraterritoriale Rechtsanwendung und die Bedeutung des Genuine-Link-Erfordernisses, 154 m.w.N.

[137] Vgl. 50 U.S.C. § 1705(b) und International Emergency Economic Powers Act Civil and Criminal Penalties, 73 Fed. Reg. 32650 (June 10, 2008).

[138] *Carter/Farha*, Overview and Operations of U.S. Financial Sanctions, Including the Example of Iran, 44 Geo. J. Int'l L. 903, 906 (2013); *Katzenstein*, Dollar Unilateralism: The New Frontline of National Security, 90 Indiana L. J. 293, 314 (2015).

[139] *Katzenstein*, Dollar Unilateralism: The New Frontline of National Security, 90 Indiana L. J. 293, 315 ff. und 336 (2015) und *Katzman*, Iran Sanctions 2013, 24 der berichtet, dass Vertreter des Finanzministeriums in den Jahren 2005 bis 2008 145 Banken in 60 Ländern die Aufwartung gemacht hätten, um diesen u. a. die wirtschaftspolitischen Leitlinien der USA zu erläutern und von der Durchführung von Transaktionen abzuhalten, die der Erreichung der politischen Ziele der USA nicht förderlich sind.

[140] *Carter/Farha*, Overview and Operations of U.S. Financial Sanctions, Including the Example of Iran, 44 Geo. J. Int'l L. 903, 906 (2013); *Katzenstein*, Dollar Unilateralism: The New Frontline of National Security, 90 Indiana L. J. 293, 314 (2015).

[141] Hierzu *Katzenstein*, Dollar Unilateralism: The New Frontline of National Security, 90 Indiana L. J. 293, 315 ff. (2015) und *Newcomb*, Non-U.S. Banks Are Target of Recent

dadurch bestehenden enormen Droh- und Druckpotential der USA, der amerikanischen Entschlossenheit sich dieses Potentials zu bedienen und den Sanktionsrahmen für Verstöße gegen US-amerikanische Handelsbeschränkungen auch gegenüber ausländischen Unternehmen auszuschöpfen, um ihre nationalen Interessen durchzusetzen[142] und den damit einhergehenden drakonischen Strafen, sehen die meisten Institute keine andere Möglichkeit, als sich dem Druck zu beugen und den Vorgaben der USA Folge zu leisten.[143]

Die Tatsache, dass die Mehrzahl der US-amerikanischen Wirtschaftssanktionen unilateralen Charakter hat und nicht auf UN-Resolutionen beruht und damit vermeintlich im Widerspruch zu Art. 32 der Charta über die Wirtschaftlichen und Sozialen Rechte und Pflichten der Staaten steht[144], hindert offensichtlich weder die USA an ihrer (extraterritorialen) Durchsetzung, noch die ausländischen Unternehmen an ihrer Befolgung. Im Gegenteil, in jüngster Vergangenheit sind auf Seiten der US-amerikanischen Behörden zahlreiche Verfahren eröffnet worden, in welchen deutschen oder europäischen Banken (mit Tochtergesellschaften in den USA) vorgeworfen wurde, gegen das US-amerikanische Iran-Embargoregime verstoßen zu haben. Neben Verfahren gegen die ABN Amro Lloyds TSB[145], HSBC[146] und die New Yorker Tochter der Standard Chartered Bank[147] wegen des Verstoßes gegen u. a. US-amerikanische Iransanktionen haben jüngst insbesondere die Verfahren gegen die BNP Paribas[148] und die Commerzbank AG[149] wegen gleichartiger Verstöße mediale Aufmerksamkeit erregt, was insbesondere auf die exorbitant hohen Strafen zurückzuführen sein dürfte. Das Verfahren gegen die Commerzbank endete mit einer (Straf-)Zahlung von knapp US-Dollar 1,45 Milliarden. Die BNP Paribas traf es noch

Economic Actions by U.S. Government, 125 Banking L. J. 468, 469 (2008), der insbesondere auf die Erstreckung der Finanzsanktionen auf ausländische Banken eingeht.

142 *Lohmann*, Minenfelder der US-Außenwirtschaftspolitik, SWP Aktuell, November 2014, 1 (3).

143 Dabei wird intern durchaus nicht mit Kritik an dem Vorgehen der USA gespart. So hat ein höherer Bankangestellter der Standard Chartered Bank New York gemäß der Order Pursuant to Banking Law § 39, In re Standard Chartered Bank, N.Y. Branch (N.Y. Dep't of Fin. Servs. Aug. 6, 2012) seine Abneigung wie folgt deutlich gemacht: „You f* Americans. Who are you to tell us, the rest of the world, that we're not going to deal with Iranians.“

144 Charter of Economic Rights and Duties of States, GA Res. 3281(XXIX), UN GAOR, 29th Sess. Supp. No. 31 (1974) 50; siehe auch *Terhechte/Schneider* in: Grabitz/Hilf/Nettesheim (Hrsg.), Das Recht der Europäischen Union, AEUV Art. 215 Rn. 67.

145 *Welp*, Die Rache der US-Behörden, Wirtschaftswoche, Artikel v. 5. 8. 2014.

146 *Volkery*, Milliardenstrafe für die HSBC: Quittung für den Handel mit dem Feind, Der Spiegel, Artikel v. 11. 12. 2012.

147 *Greive*, Iran-Geschäfte – Standard Chartered kauft sich frei, Die Welt, Artikel v. 15. 8. 2012.

148 *Piper*, BNP Paribas muss knapp neun Milliarden Dollar zahlen, Süddeutsche Zeitung, Artikel v. 1.7.2014.

149 *Mußler*, Commerzbank zahlt 1,5 Milliarden Dollar Strafe, Frankfurter Allgemeine Zeitung, Artikel v. 12. 3. 2015.

härter.[150] Sie wurde trotz des Versuchs politischer Vermittlung[151] zur Zahlung von knapp US-Dollar 9 Milliarden, der höchsten Geldstrafe, die bis dato jemals vom DOJ für die Verletzung von US-amerikanischen Handelsbeschränkungen ausgesprochen wurde, für den Verstoß gegen US-amerikanische Iran- und Kubasanktionen verpflichtet. Auch hier leiteten die USA übrigens ihre Gerichtszuständigkeit über die in Frankreich inkorporierte Bank daraus her, dass die BNP Paribas die entsprechenden Geschäfte in US-Dollar bzw. über das US-amerikanische Bankensystem abgewickelt hatte.[152] Damit nicht genug, der BNP Paribas wurde zudem – abermals als erste Bank überhaupt – ein vollumfängliches Schuldeinverständnis abverlangt und sie wurde für ein Jahr vom US-Dollar-Clearing ausgeschlossen.[153] Die Bank kann also in diesem Zeitraum Handel mit dem US-Dollar nur über Drittbanken betreiben. Einem Lizenzverlust in den USA und damit dem schwersten Schlag konnte sie nur knapp entgehen.[154]

V. Zusammenfassung

Die Fülle, Unübersichtlichkeit und häufige Modifikation der Handelsbeschränkungen, die die USA in den letzten drei Dekaden erlassen haben, bereitet Unternehmen, die am internationalen Handel teilnehmen, große Schwierigkeiten. Der jüngste Kurswechsel in der US-amerikanischen Iran- und Kuba-Politik und die damit einhergehende Lockerung der entsprechenden Regularien haben das Risiko des Verstoßes gegen extraterritorial zur Anwendung kommende US-amerikanischen Handelsbeschränkungen für Unternehmen vorerst nicht wirklich minimiert. Die USA beabsichtigen, auch zukünftig eine Vielzahl entsprechender Handelsbe-

[150] Die Hintergründe des Falles erläutern *Daugirdas/Mortenson*, Contemporary Practice of the United States Relating to International Law, 108 Am. J. Int'l L. 782, 826 ff. (2014) m.w.N.

[151] Zum Briefwechsel zwischen Präsident Hollande und Präsident Obama siehe *Daugirdas/Mortenson*, Contemporary Practice of the United States Relating to International Law, 108 Am. J. Int'l L. 782, 829 f. (2014).

[152] Zur Gerichtszuständigkeit US-amerikanischer Gerichte für ebensolche Transaktionen siehe *Gruson*, The U.S. Jurisdiction Over Transfers of U.S. Dollars Between Foreigners and Over Ownership of U.S. Dollar Accounts in Foreign Banks, 2004 Colum. Bus. L. Rev. 721 (724) und *Huck*, Die „United States Foreign Corrupt Practices Act Opinion Procedure" des US-amerikanischen Department of Justice, RIW 2013, 344 (345).

[153] Ebenda.

[154] Daneben hat das Verhalten der Bank auch im Ausland negative Konsequenzen nach sich gezogen. So hat die Eidgenössische Finanzmarktaufsicht FINMA gegen die BNP Paribas (Suisse) SA ein „Enforcementverfahren" geführt. Gegenstand war der Umgang der Bank mit Pflichten im Zusammenhang mit der Anwendung von US-Sanktionen insbesondere gegen den Sudan. Die FINMA stellte fest, dass die Bank ihre Pflichten beim Erfassen, Begrenzen und Überwachen der diesbezüglichen Risiken schwer verletzt und damit gegen aufsichtsrechtliche Bestimmungen des Schweizer Rechts verstoßen hat. Die FINMA sanktionierte dieses Fehlverhalten durch die Anordnung eines Eigenmittelzuschlags für operationelle Risiken sowie ein zweijähriges Verbot von Geschäften mit von EU- oder US-amerikanischen Sanktionen betroffenen Gesellschaften und Personen. Vgl. www.finma.ch.

schränkungen aufrechtzuerhalten und deren Missachtung weltweit zu ahnden. Verstöße hiergegen werden von den USA weiterhin aggressiv verfolgt und hart bestraft.

Unternehmen, die nun, da die Handelsbeschränkungen in Teilen aufgehoben wurden bzw. noch werden sollen, beabsichtigen, den Handel mit dem Iran und Kuba wieder aufzunehmen oder zu intensivieren, sollten sich des Risikos eines solchen Engagements bewusst sein. Sie sind weiterhin gut beraten, ihr Handeln umfassend und sorgfältig auch auf die Vereinbarkeit mit den US-amerikanischen Handelsbeschränkungen zu überprüfen. Angesichts der drohenden gravierenden zivil- und strafrechtlichen Folgen eines Verstoßes gegen entsprechende Handelsbeschränkungen sowohl für das Unternehmen als auch für die handelnden Personen kann nur zur äußersten Vorsicht geraten werden.

C. Kern des Streits und die Reaktionen auf das Vorgehen der USA

Das Sanktionsrecht als Teil des Außenwirtschaftsrechts betrifft eine Materie, die notwendigerweise Auswirkungen auf andere Staaten hat, politisch stark aufgeladen ist und geradezu zur extraterritorialen Jurisdiktion einlädt. Die einzelnen Staaten und insbesondere die USA sind regelmäßig bestrebt, ihrer eigenen Politik zu größtmöglicher Geltung zu verhelfen und ihre Kompetenzen entsprechend auszudehnen. Trotz der verstärkten transatlantischen Kooperation im Hinblick auf die Sanktionierung einzelner Länder oder (Terror-)Gruppierungen sind die extraterritorial zur Anwendung kommenden US-amerikanischen Handelsbeschränkungen, welche Nicht-Amerikaner und im Ausland ansässige Tochtergesellschaften US-amerikanischer Konzerne, sowie sonstige im Ausland ansässige nicht-amerikanische Marktteilnehmer dem Diktat der USA unterstellen, seit langem Quell' für Missstimmungen zwischen den wichtigsten Handelspartnern der USA einerseits und den USA andererseits.[155]

Im Ausland treffen diese sogenannten US-amerikanischen *secondary sanctions* also extraterritorial geltende Handelsbeschränkungen nur auf wenig Verständnis. Insbesondere nach Verabschiedung des *ILSA* und des *Cuban Liberty and Democratic Solidarity (LIBERTAD) Act* im Jahre 1996, schlug auf die USA eine massive Welle des internationalen Protests ein.[156] Die führenden Wirtschaftsnationen sahen die Ausweitung des US-amerikanischen Sanktionsregimes mit extraterritorialer Wirkung als Verstoß gegen internationales Recht und damit als Affront an und stellten sich öffentlich gegen das Vorgehen der USA.[157] Streitpunkt ist seitdem regelmäßig,

---

[155] Vgl. *Cleveland*, Norm Internationalization and U.S. Economic Sanctions, 26 Yale J. Int'l L. 1, 56 f. (2001); *Anderson*, Good Grief! Iran Sanctions and the Expansion of American Corporate Liability for Non-U.S. Subsidiary Violations Under the Iran Threat Reduction and Syria Human Rights Act of 2012, 34 Nw. J. Int'l L. & Bus. 125, 141 (2013); *Meyer*, Second Thoughts on Secondary Sanctions, 30 U. Pa. J. Int'l L. 905, 929 (2009); *o.V.*, Developments in the Law – Extraterritoriality, 124 Harv. L. Rev. 1226, 1249 (2011); *Carter*, International Economic Sanctions: Improving the Haphazard U.S. Legal Regime, 75 Calif. L. Rev. 1159, 1162 (1987).

[156] Auch innerhalb der USA war beispielsweise der Erlass des *Helms-Burton Act* nicht unumstritten. Das *U.S. State Department* hatte insbesondere darauf hingewiesen, dass das Gesetz „not consistent with the traditions of the international system" sei, da „[u]nder international law and established state practice, there are widely-accepted limits on the jurisdictional authority of a state." 141 CONG. REC. 27,752 (1995); siehe auch *o.V.*, Developments in the Law – Extraterritoriality, 124 Harv. L. Rev. 1226, 1247 (2011).

[157] Nach *Farrar*, U.S. Energy Sanctions and the Race to Prevent Iran from Acquiring Weapons of Mass Destruction, 79 Fordham L. Rev. 2347, 2350 (2014), soll ein Botschafter

ob und in welchem Umfang ein Staat Regelungen erlassen und auf im Ausland ansässige, aber der Gerichtsgewalt des handelnden Staates unterliegende Rechtssubjekte anwenden darf, obwohl diese Handlungen begehen, die außerhalb des handelnden Staates liegen. Im Zusammenhang mit der Sanktionspolitik haben die Regelungen der USA einen solch großen extraterritorialen Effekt, dass die USA Gerichts- bzw. Regelungsgewalt auch über ausländische Rechtssubjekte beanspruchen, ohne dass diese oder deren Handlungen scheinbar einen (ausreichenden) Nexus mit den USA aufwiesen, da sie weder in den USA ansässig sind, noch ihre Handlungen in den USA vornehmen.[158]

Es wird regelmäßig angezweifelt, ob die USA in diesem Umfang Jurisdiktion ausüben dürfen.[159] Im Fokus stehen dabei sowohl die extraterritoriale Rechtsetzungs- als auch die Vollzugsgewalt (*jurisdiction to prescribe & jurisdiction to enforce*) der USA. Nach Auffassung der internationalen Gemeinschaft und allen voran der EU fehlt es für die extraterritoriale Erstreckung US-amerikanischer Sanktionsgewalt an einer völkerrechtlich anerkannten Rechtfertigung. Sie sehen in dem Handeln der USA einen Verstoß gegen ihre nationalen Souveränitäts- und Hoheitsrechte, verweisen auf völkerrechtlich verankerte Jurisdiktionsgrenzen[160] und verbitten sich die Anwendung und Vollstreckung US-amerikanischen Rechts auf und gegenüber Unternehmen und Personen, die nicht der direkten US-amerikanischen Jurisdiktion unterliegen. So schob beispielsweise die ehemalige österreichische Außenministerin *Plassnik* mit dem Kommentar „Österreich [sei] nicht der 51. Bundesstaat der USA" deren Ansinnen, US-amerikanische Sanktionen auch gegenüber in Österreich ansässigen Unternehmen anordnen und vollstrecken zu wollen, einen Riegel vor.[161]

Aus Sicht der USA scheint die extraterritoriale Anwendung US-amerikanischer Normen, trotz jüngster Einschränkungen[162], ganz offensichtlich zum juristischen

---

eines europäischen Staates folgende Reaktion gezeigt haben: „American diplomacy has a taste for embargoes and boycotts which we do not share. [W]e have not elected the American Congress, we have never voted for it and I do not see why we should let it legislate for the rest of the world."; *Pollack*, The Persian Puzzle: The Conflict Between Iran and America, 288.

[158] Siehe *Cohen-Tanugi*, The Extraterritorial Application of American Law: Myths and Realities, February 2015, 3.

[159] Das weite Verständnis der USA ist insbesondere im Gutachten des Interamerikanischen Juristenausschusses v. 23.8.1996 deutlich kritisiert worden, vgl. *Geimer*, Internationales Zivilprozessrecht, 74 Fn. 346 m.w.N. Kritisch auch *Rensmann*, Extraterritoriale Exportkontrolle und Völkerrecht, AW-Prax 2011, 154 (154 f.) der den CISADA „aus völkerrechtlicher Sicht [wegen seines] massiven extraterritorialen Geltungsanspruchs [für] kaum haltbar" und als „kalkulierten Völkerrechtsbruch" einstuft; *Kayser*, Gegenmaßnahmen im Außenwirtschaftsrecht und das System des Europäischen Kollisionsrechts, 77 ff.

[160] Vgl. *Meng*, Extraterritoriale Jurisdiktion im öffentlichen Wirtschaftsrecht, 500 ff.; *Doehring*, Völkerrecht, 360 f. Rn. 826.

[161] Siehe den Bericht des Bundesministeriums für Europa, Integration und Äußeres v. 29.8. 2007, http://www.bmeia.gv.at.

[162] Vgl. die Einschränkung des Alien Tort Claims Act durch den U.S. Supreme Court in *Kiobel v. Royal Dutch Petroleum Co.*, U.S. 133 S.Ct. 1659 (2013) sowie die vom U.S. Supreme Court in *Morrison v. National Australia Bank Ltd.*, 561 U.S. 130 S.Ct. 2869 (2010) ausge-

Selbstverständnis zu gehören. Von der bevorzugten Anwendung der US-amerikanischen *discovery*-Mechanismen[163] zur Gewinnung von im Ausland belegenen Dokumenten[164] oder der des *Uniting and Strengthening America by Providing Appropriate Tools Required to Intercept and Obstruct Terrorism Act of 2001* (USA PATRIOT ACT)[165] bis hin zur extraterritorialen Anwendung des US-Antikorruptionsrechts in Form des *Racketeer Influenced and Corrupt Organizations Act* (RICO)[166] oder des *Foreign Corrupt Practices Act* (FCPA)[167], die USA scheinen von den Einwänden anderer Staaten bezüglich der Anwendung US-amerikanischer Normen außerhalb des US-amerikanischen Staatsgebiets unbeeindruckt.[168] Aus ihrer Sicht sind entsprechende extraterritoriale Akte notwendige Konsequenz der Globalisierung, dem Zusammenwachsen nationaler Märkte und der verstärkten Zunahme grenzüberschreitender Wirtschaftshandlungen und Folge der unternehmeri-

---

sprochene Vermutung, dass der Kongress abseits eindeutiger Hinweise bei Verabschiedung eines Gesetzes keine extraterritoriale Regelungsabsicht hat.

[163] Vgl. *Adler*, US-discovery und deutscher Patentverletzungsprozess, 132 ff.

[164] Vgl. *Adler*, Schritt in Richtung Beilegung des deutsch-amerikanischen Justizkonflikts? – Zur geplanten Einschränkung des Totalvorbehalts gegenüber exterritorialer discovery-Anfragen US-amerikanischer Gerichte, IPRax 2015, 364 ff.

[165] Uniting and Strengthening America by Providing Appropriate Tools Required to Intercept and Obstruct Terrorism (USA PATRIOT ACT) Act of 2001, Pub L. No. 107–56 (Oct. 26, 2001). Zum Themenkomplex, der extraterritorialen Anwendung des Gesetzes und deren Folgen für europäische Banken siehe *Graves/Ganguli*, Extraterritorial Application of the USA PATRIOT Act and Related Regimes: Issues for European Banks Operating in the United States, abrufbar unter http://www.jonesday.com/.

[166] 18 U.S.C. §§ 1961–1968 (2006). Hierzu *Witte*, Der US-amerikanische „Racketeer Influenced and Corrupt Organizations Act" (RICO-Act) und deutsche Unternehmen, 1 und *Mark*, RICO's Extraterritoriality, 50 Am. Bus. L. J. 543 (2013). Der U.S. Supreme Court hat die extraterritoriale Anwendung des Gesetzes in der international viel beachteten Entscheidung *Morrison v. National Australia Bank*, 130 S. Ct. 2869 (2010) auch nicht grundsätzlich ausgeschlossen.

[167] Foreign Corrupt Practices Act of 1977, Pub. L. No. 95–213, 91 Stat. 1494, zuletzt geändert durch The International Antibribery and Fair Competition Act of 1998, Pub. L. No. 105–366, 112 Stat. 3302 (kodifiziert in 15 U.S.C. § 78 m(b)(2), -(3), 78dd-1 bis -3, 78 ff. (2000). *Ashe* The Lengthening Anti-Bribery Lasso of the United States: The Recent Extraterritorial Application of the U.S. Foreign Corrupt Practices Act, 73 Fordham L. Rev. 2897 (2004); *Rübenstahl/Boerger*, Der Foreign Corrupt Practices Act (FCPA) der USA (Teil 1), NZWiSt 2012, 401; *dies.*, Der Foreign Corrupt Practices Act (FCPA) der USA (Teil 2), NZWiSt 2013, 6; *dies.*, Der Foreign Corrupt Practices Act (FCPA) der USA (Teil 3), NZWiSt 2013, 124; *dies.*, Der Foreign Corrupt Practices Act (FCPA) der USA (Teil 4), NZWiSt 2013, 281; *dies.*, Der Foreign Corrupt Practices Act (FCPA) der USA (Teil 5), NZWiSt 2013, 367; *ders./Skoupil*, Anforderungen der US-Behörden an Compliance-Programme nach dem FCPA und deren Auswirkungen auf die Strafverfolgung von Unternehmen – Modell für Deutschland, wistra 2013, 209; *Huck*, Extraterritorialität US-amerikanischen Rechts im Spannungsverhältnis zu nationalen, supranationalen und internationalen Rechtsordnungen, NJOZ 2015, 993 (999) mit weiteren Nachweisen.

[168] *Parrish*, Reclaiming International Law from Extraterritoriality, 93 Minn. L. Rev. 815, 818 (2009) merkt stattdessen an, dass die Anzahl der Rechtsstreitigkeiten, in denen es um die extraterritorialer Anwendung US-amerikanischer Sanktionen geht, stark angestiegen ist.

schen Entscheidung für eine Teilnahme am grenzüberschreitenden Wirtschaftsleben.[169]

Dem Vorgehen der USA begegnete die internationale Gemeinschaft mit einem Maßnahmenbündel: Neben dem offiziellen Protest und dem direkten politischen Dialog mit den USA, beispielsweise durch den Austausch juristischer Memoranda[170], erließen manche Staaten formelle Abwehrgesetze zur Nichtanerkennung extraterritorialer Entscheidungen von Gerichten oder Behörden von Drittstaaten, um ihre Bevölkerung vor der Anwendung US-amerikanischer Sanktionen zu schützen.[171] Kurz nach Erlass des *Helms-Burton Act* bzw. des *ILSA* drohten einzelne Länder damit, Verfahren gegen die USA vor internationalen Streitschlichtungsgremien zu initiieren, um die Rechtswidrigkeit der extraterritorialen Anwendung der Sanktionen zu bestätigen. Andere, wie die EU, haben entsprechende Verfahren initiiert, von deren weiteren Verfolgung aber abgesehen.

Auch innerhalb der USA wird die Debatte über die Rechtmäßigkeit der extraterritorialen Reichweite der US-amerikanischen Sanktionen, insbesondere solchen gegenüber dem Iran, geführt. Während Teile der US-amerikanischen Legislative und Exekutive ihren Widerstand gegen die vermeintliche Anmaßung US-amerikanischer Rechtsetzungsmacht kundtun[172], erhofft sich die befürwortende Mehrheit, dass es ihnen befreundete Staaten gleichtun und ihrerseits Sanktionen mit identischer Stoßrichtung beispielsweise gegen den Iran verabschieden.[173] Die Kritiker knüpfen dabei an die ursprüngliche Leitlinie der US-amerikanischen Politik an, die sich an anderer Stelle selbst gegen die Verabschiedung und Durchsetzung von *secondary sanctions* anderer Staaten stellte. Als die Arabische Liga 1948 eine schwarze Liste

---

[169] Klarstellend sei darauf hingewiesen, dass nicht allein die USA zu extraterritorialen Regelungen greifen, sondern beispielsweise auch die EU und deren Mitgliedstaaten, was die entsprechenden extraterritorial zur Anwendung kommenden Kartellrechtsordnungen zeigen, vgl. *Wagner-von Papp* in: Tietje (Hrsg.), Internationales Wirtschaftsrecht, 535 ff.

[170] Siehe die EG-Démarche im „Pipeline-Fall“, ILM 1982, 891.

[171] Verordnung (EG) 2271/96, EU ABl. 1996, L 309, 1.

[172] Vgl. beispielsweise: *Vernon*, Multinationals: No Strings Attached, 33 Foreign Policy 121, 128 (1978): „To many Americans there is nothing anomalous in Washington's commanding a U.S.-owned subsidiary in a foreign country not to sell technologically advanced products to the Soviet Union. It has not yet dawned on some people in this country how grossly offensive such a policy may be to other governments. The lesson may be borne home one day if Saudi Arabia directed a Saudi-owned subsidiary in the United States to terminate its exports to Israel.“ *Farrar*, U.S. Energy Sanctions and the Race to Prevent Iran from Acquiring Weapons of Mass Destruction, 79 Fordham L. Rev. 2347, 2350 (2014); *Pollack*, The Persian Puzzle: The Conflict Between Iran and America, 287; *Bourque*, The Illegality of the Cuban Embargo in the Current International System, 13 B.U. Int'l L.J. 191 (1995); *Fitzgerald*, Pierre Goes Online: Blacklisting and Secondary Boycotts in U.S. Trade Policy, 31 Vand. J. Transnat'l L. 1, 91 (1998); *Cain, Jr.*, Extraterritorial Application of the United States' Trade Embargo Against Cuba: The United Nations General Assembly's Call for an End to the U.S. Trade Embargo, 24 Ga. J. Int'l & Comp. L. 379, 388 (1994); *Buys*, United States Economic Sanctions: The Fairness of Targeting Persons from Third Countries, 17 B.U. Int'l L.J. 241, 265 (1999).

[173] *Katzman*, Iran Sanctions 2010, 1 ff.

solcher Unternehmen, die mit dem Staat Israel Geschäfte abschlossen, erstellte und es ihren Mitgliedstaaten und deren Unternehmen untersagte, mit diesen Unternehmen Geschäfte abzuschließen, erklärten die USA durch ein Abwehrgesetz (§ 502 des *Export Administration Act*) die Beteiligung an diesem Boykott durch US-amerikanische Firmen für rechtswidrig und leiteten bei Verstößen hiergegen Verfahren ein.[174]

Mehr noch, im Rahmen des Gesetzgebungsverfahrens des *Helms-Burton Act* hatte das *U.S. State Department* eindrücklich darauf hingewiesen, dass das Gesetz

> „not consistent with the traditions of the international system" sei, da „[u]nder international law and established state practice, there are widely-accepted limits on the jurisdictional authority of a state."[175]

Hinsichtlich der Verabschiedung von ILSA schrieb beispielsweise *Lowe*, dass das Gesetz wenig dazu beitrage,

> „to reassure those who think that many members of the [U.S.] Congress do not understand international law at all, but see the world as one great federal state with the United States filling the role of the federal government."[176]

Den Kongress hat dies jedoch nicht abgehalten, weitere Sanktionen mit extraterritorialer Wirkung zu erlassen.

I. Reichweite der Rechtsetzungsgewalt im Außenwirtschaftsrecht

Die Befugnis eines Staates, einen bestimmten Sachverhalt seiner Regelungs- oder Rechtsetzungsmacht zu unterwerfen, ist Ausfluss seiner völkerrechtlichen Souveränität. Die Frage der Reichweite der Rechtsetzungsgewalt eines Staates und die damit verbundene Frage der Zulässigkeit extraterritorialer Sachverhaltsanknüpfung ist äußerst kompliziert und wird nach wie vor vom Lotus-Urteil des Ständigen Internationalen Gerichtshof (StiGH) aus dem Jahre 1927 dominiert. Danach bleibt der räumliche Geltungsbereich der Jurisdiktionsausübung grundsätzlich auf das eigene Territorium beschränkt. Allerdings macht die Entscheidung gleichzeitig klar, dass es Staaten freisteht, den sachlichen Anwendungsbereich ihrer Rechtsordnung auszu-

---

[174] Zum Themenkomplex *Weiss*, Arab League Boycott of Israel (2013); *Ryngaert*, Extraterritorial Export Controls (Secondary Boycotts), Chinese JIL 625, 640 f. (2008) mit weiteren Nachweisen und Beispielsfällen.

[175] Zitiert nach *o.V.*, Developments in the Law – Extraterritoriality, 124 Harv. L. Rev. 1226, 1247 (2011).

[176] *Lowe*, US Extraterritorial Jurisdiction: The Helms Burton and D'Amato Acts, 46 Int'l & Comp. L.Q. 378, 386 (1997); Nachweise auch bei *Meyer*, Second Thoughts on Secondary Sanctions, 30 U. Pa. J. Int'l L. 905, 929 (2009) wonach Dritte ILSA als „*‚extraterritorially' illegal*" einstuften.

dehnen und an Vorgänge im Ausland anzuknüpfen.[177] Rechtsetzungsgewalt ist völkerrechtlich also nicht exklusiv, sondern nur konkurrierend. Die Regelungsfreiheit findet ihre Grenzen in anderen Normen und Prinzipien des Völkerrechts, insbesondere in der territorialen Souveränität anderer Staaten, dem Interventionsverbot, dem Verbot des Rechtmissbrauchs, im Maß des Vernünftigen (*reasonableness*) und der Völkercourtoisie (*comity*).

Um diesen Prinzipien Geltung zu verschaffen, wird allgemein gefordert, dass es nur dann zu einer Erstreckung staatlicher Rechtsakte über den räumlichen Geltungsbereich hinaus auf Sachverhalte mit Auslandsberührung kommen darf, wenn hierfür eine völkerrechtliche Rechtfertigung vorliegt.[178] Diese wird angenommen, wenn zwischen dem normierenden Staat und dem zu normierenden ausländischen Sachverhalt eine ausreichend feste Verbindung besteht.[179] Während in Bezug auf das Erfordernis einer „ausreichenden" Verknüpfung auf beiden Seiten des Atlantiks Konsens besteht[180], wird die Frage, wie eng diese Verknüpfung sein muss, gerade im Außenwirtschaftsrecht unterschiedlich beantwortet.[181]

1. Territorialitäts- und Personalitätsprinzip

Nach dem Territorialitätsprinzip wird die Hoheitsgewalt eines Staates durch die Belegenheit einer Sache oder den Aufenthalt einer Person im Inland hergestellt.[182] Nur in seiner weiten Ausprägung – dazu sogleich – erfasst es auch die Auswirkung externer Sachverhalte auf das eigene Staatsgebiet.[183]

---

[177] P.C.I.J. 7. 9. 1927, Series A, No. 10 (France v. Tukey), 4 und 18. Zu dieser Entscheidung u. a. *Martinek*, Das uneingestandene Auswirkungsprinzip des EuGH zur extraterritorialen Anwendbarkeit der EG-Wettbewerbsregeln, IPRax 1989, 347 (348); *Mark/Ziegenhain*, Der Gerichtsstand des Vermögens im Spannungsfeld zwischen Völkerrecht und deutschem internationalen Prozessrecht, NJW 1992, 3062 (3063); *Herdegen*, Völkerrecht, 202 f. Rn. 5 ff.

[178] *Epping* in: Ipsen, Völkerrecht, 89; *Stein/v. Buttlar*, Völkerrecht, 216 Rn. 606 f.; *Doehring*, Völkerrecht, 355 f. Rn. 815 f.; *v. Arnauld*, Völkerrecht, 145 Rn. 345.

[179] Siehe *Restatement (Third) of the Foreign Relations Law of the United States*, § 402(1)(c). Das Bundesverfassungsgericht spricht davon, dass die „Anknüpfungsmomente und ihre Sachnähe von Völkerrechts wegen einem Mindestmaß an Einsichtigkeit genügen" müssen, vgl. BVerfGE 63, 343 (369); *Stein/v. Buttlar*, Völkerrecht, 216 Rn. 606 f.; *Herdegen*, Völkerrecht, 200 Rn. 1 ff.; *Schwarze*, Jurisdiktionenabgrenzung im Völkerrecht, 29 ff.

[180] Hierzu *Meng*, Regeln über die Jurisdiktion der Staaten um amerikanischen *Restatement (Third) of Foreign Relations Law*, AöR 115 (1990), 156 (156 ff.); *Buys*, United States Economic Sanctions: The Fairness of Targeting Persons from Third Countries, 17 B.U. Int'l L.J. 241, 249 ff. (1999).

[181] Übersicht bei *v. Behr*, Multinationale Unternehmen und Exportkontrollen, 168 und *Meng*, Extraterritoriale Jurisdiktion im öffentlichen Wirtschaftsrecht, 542 ff.; *ders.*, Neuere Entwicklungen im Streit um die Jurisdiktionshoheit der Staaten im Bereich der Wettbewerbsbeschränkungen, ZaöRV 1981, 469 (503).

[182] *Stein/v. Buttlar*, Völkerrecht, 219 Rn. 611; *Herdegen*, Völkerrecht, 201 f. Rn. 4 ff.; *v. Arnauld*, Völkerrecht, 145 Rn. 345; *Doehring*, Völkerrecht,352 f. Rn. 808 ff.

[183] *Herdegen*, Völkerrecht, 201 f. Rn. 4 ff.; *v. Arnauld*, Völkerrecht, 145 Rn. 345.

Das aktive[184] Personalitätsprinzip gewährt eine umfassende Herrschaftsgewalt über die Rechte und Pflichten der eigenen Staatsangehörigen, unabhängig davon, ob sich diese im In- oder Ausland befinden. Gleichzeitig erlaubt das passive Personalitätsprinzip den Schutz der eigenen Staatsbürger.[185] Problematisch ist das Personalitätsprinzip bei juristischen Personen, da sich deren Staatszugehörigkeit nach unterschiedlichen Theorien bestimmen lässt.[186] Während nach der Sitztheorie die juristische Person als demjenigen Staat zugehörig betrachtet wird, in welchem sie ihren tatsächlichen Geschäftssitz hat, ist nach vor allem in den USA vertretener Auffassung entscheidend, nach wessen Recht sie gegründet worden ist (Gründungstheorie) bzw. welche Staatsangehörigkeit die Mehrheit der Gesellschafter haben (Kontrolltheorie).[187] Ein ausreichender Bezug soll nach deutschem Verständnis zumindest dort nicht mehr vorliegen, wo es sich um Regelungen eines Staates gegenüber einer im Ausland nach ausländischem Recht gegründeten Tochtergesellschaft eines inländischen Unternehmens mit Sitz im Ausland handelt.[188] Die USA sehen dies weniger streng und sind unter Heranziehung der im Völkerrecht umstrittenen Kontrolltheorie überzeugt, die Einhaltung der US-amerikanischen Sanktionsregelungen auch für die im Ausland ansässigen und nach ausländischem Recht gegründeten Tochterunternehmen von US-amerikanischen Gesellschaften regeln zu können.[189]

2. Auswirkungsprinzip

Die strittigste Anknüpfungsregelung für die Jurisdiktionshoheit auf dem Gebiet des internationalen Wirtschaftsrechts und im Zusammenhang mit den grenzüber-

---

[184] Zum passiven Personalitätsprinzip siehe *Stein/v. Buttlar*, Völkerrecht, 222 Rn. 620; *Herdegen*, Völkerrecht, 204 Rn. 11; *Doehring*, Völkerrecht, 355 f. Rn. 815, 817.

[185] *Herdegen*, Völkerrecht, 203 f. Rn. 9 ff.; *Doehring*, Völkerrecht, 355 f. Rn. 815 f.

[186] *Epping* in: Ipsen, Völkerrecht, 101 f.; *Doehring*, Völkerrecht, 360 Rn. 824 und 390 ff. Rn. 882 ff.

[187] *Meng*, Extraterritoriale Jurisdiktion im öffentlichen Wirtschaftsrecht, 57; *Stein/ v. Buttlar*, Völkerrecht, 222 Rn. 618 ff; *Epping* in: Ipsen, Völkerrecht, 101; *Meier*, Grenzüberschreitender Durchgriff in der Unternehmensgruppe nach US-amerikanischem Recht, 142 f.

[188] *Stein/v. Buttlar*, Völkerrecht, 219 Rn. 611; *Herdegen*, Völkerrecht, 204 Rn. 10; *ders.*, Internationales Wirtschaftsrecht, 33 f.

[189] Siehe *Restatement (Third) of Foreign Relations Law of the United States* § 414 sowie die entsprechende Analyse von *v. Behr*, Multinationale Unternehmen und Exportkontrollen, 275 ff.; *Jeffries*, The Cuban Democracy Act of 1992: A Rotten Carrot or a Broken Stick?, 16 Hous. J. Int'l L. 75, 97 ff. (1993); *Bucci*, The Cuban Liberty and Democratic Solidarity Act of 1996 – Implications for NAFTA, 26 Ga. J. Int'l & Comp. L. 409, 411 (1997); *Ziegenhain*, Extraterritoriale Reichweite des US-amerikanischen und des reformierten deutschen Exportkontrollrechts, RIW 1993, 897 (901); *Meier*, Grenzüberschreitender Durchgriff in der Unternehmensgruppe nach US-amerikanischem Recht, 142 f. Siehe auch die Ausführungen des IGH in der Entscheidung *Case concerning the Barcelona Traction, Light and Power Company, Limited (Belgium v. Spain)*, Urteil v. 5. 2. 1970, 48 ff.

schreitenden Verflechtungen von Handelsgesellschaften ist das Auswirkungsprinzip (*effects doctrine*)[190], das heute meist mit einem erweiterten Territorialitätsbegriff erklärt wird.[191] Danach erstreckt sich die Gebietshoheit eines Staates auch auf Verhaltensweisen, die zwar außerhalb seiner Grenzen verübt werden, die sich jedoch innerhalb der Staatsgrenzen auswirken.[192] Im Außenwirtschaftsrecht geht es dabei regelmäßig um Auswirkungen von Verhalten im Ausland auf einheimische Märkte. Das Prinzip beruht auf der Erkenntnis, dass die nach der Gebietshoheit gebotene Verantwortung des Staates über Handlungen, Sachen und Personen auf seinem Territorium unvollkommen wäre, wenn er bezüglich Handlungen ausländischen Ursprungs, die sich im Inland auswirken, nicht regelungsberechtigt wäre.[193] Das Auswirkungsprinzip erlaubt die extraterritoriale Jurisdiktion über entsprechende Auslandssachverhalte, sofern das Gesetz in sachlicher Hinsicht einen hinreichenden Anknüpfungspunkt zum eigenen Staatsgebiet aufweist. Diese Verknüpfung muss nach der Rechtsprechung des Bundesverfassungsgericht „von Völkerrechts wegen einem Mindestmaß an Einsicht genügen".[194] Was das im Einzelfall bedeutet, ist offen. Die Grenze wird dort erreicht sein, wo der ausländische Sachverhalt, auf den sich die extraterritoriale Regelung bezieht, in der inländischen Wirtschaftsordnung keine hinreichend spürbare, direkte oder beabsichtigte Wirkung erzielt.

Die Problematik liegt auf der Hand, da diese Doktrin auf das Handeln eines Ausländers im Ausland abstellt und damit eine Regelungsmaterie anspricht, die eigentlich und eventuell sogar vorrangig dem Recht des ausländischen Staates zuzuordnen wäre. Das Auswirkungsprinzip überlappt regelmäßig mit einem der anderen Prinzipien und schafft so Jurisdiktionskonkurrenzen und -konflikte, da das Völkerrecht keine Hierarchie der Kompetenzanknüpfungen und insbesondere keinen absoluten Vorrang kennt.[195] Die voranschreitende Globalisierung und die dadurch vergrößerte Vernetzung der Einzelstaaten miteinander sowie die Internationalisie-

---

[190] *Meng*, Extraterritoriale Jurisdiktion und US-amerikanische Sanktionsgesetzgebung, EuZW 1997, 423 (427); *Schiessl*, Haftung im grenzüberschreitenden Konzern, RIW 1988, 951 (952); *Mestmäcker*, Staatliche Souveränität und offene Märkte, RabelsZ 52 (1988), 205 (220 ff.); *Basedow*, Wirtschaftskollisionsrecht. Theoretischer Versuch über die ordnungspolitischen Normen des Forumstaates, RabelsZ 52 (1988), 8 (23 ff.); *Dodge*, Extraterritoriality and Conflict-of-Laws Theory: An Argument for Judicial Unilateralism, 39 Harv. Int'l L. J. 101, 123 ff. (1998); *Busby*, Jurisdiction to Limit Third-Country Interaction with Sanctioned States: The Iran and Libya Sanctions and Helms-Burton Acts, 36 Colum. J. Transnat'l L. 621, 654 ff. (1998); *Meessen*, Kollisionsrecht der Zusammenschlußkontrolle, 1984, 23 ff.

[191] Siehe nur *Herdegen*, Völkerrecht, 202 Rn. 5 ff.; *v. Arnauld*, Völkerrecht, 145 Rn. 345.

[192] *Meng*, Extraterritoriale Jurisdiktion im öffentlichen Wirtschaftsrecht, 503; *Herdegen*, Völkerrecht, 200 Rn. 1 ff.; *Doehring*, Völkerrecht, 359 f. Rn. 823; *Epping* in: Ipsen, Völkerrecht, 88 f.

[193] *Stein/v. Buttlar*, Völkerrecht, 220 Rn. 613.

[194] BVerfGE 63, 343 (369); *Epping* in: Ipsen, Völkerrecht, 90; zum Begriff „Mindestmaß an Einsichtigkeit" siehe *Huck*, Extraterritorialität US-amerikanischen Rechts im Spannungsverhältnis zu nationalen, supranationalen und internationalen Rechtsordnungen, NJOZ 2015, 993 (995).

[195] *Geimer*, Internationales Zivilprozessrecht, 75 Rn. 170.

rung des Wirtschaftsrechts führten zu einer Ausweitung des Problems, da bei konsequenter Anwendung des Auswirkungsprinzips einer Vielzahl von Staaten die Rechtsetzungsgewalt über einen Sachverhalt zukommt.

3. Schutzprinzip

Das Schutzprinzip ist ein weiteres Prinzip, auf welches die USA die Verabschiedung von Handelsbeschränkungen stützten.[196] Das Schutzprinzip erlaubt die Rechtssetzung des Staates in Fällen, in denen es um die Wahrung inländischer Rechtsgüter geht. Als Rechtsgüter werden regelmäßig die Sicherheit und Integrität des Staates als solchem, sowie seiner Organe und Einrichtungen angeführt.[197] Das Bundesverfassungsgericht zählt hierzu auch den Schutz der Rechtsgüter der Allgemeinheit und solcher, die die öffentlichen, politischen und wirtschaftlichen Funktionen des Staates betreffen.[198] Vergleichbar mit der skizzierten Problematik des Wirkungsprinzips läuft auch ein überbordendes Verständnis des Schutzprinzips Gefahr, zu einer zu weitreichenden Anknüpfung zu führen. Ein restriktiver Einsatz ist zu fordern. Nicht jegliche Maßnahmen, die dem Staatsschutz dienen, können von diesem Prinzip gedeckt und mit dem Völkerrecht vereinbar sein. Mindestens wird man eine konkrete Gefährdungslage fordern müssen, der anders als durch die Gesetzgebung nicht adäquat zu begegnen ist.[199]

Auch wenn das Schutzprinzip von den USA regelmäßig als Rechtfertigung für den Erlass extraterritorialer Handelsbeschränkungen angeführt wird, ist es in Bezug auf den Erlass unilateraler Kuba- und Iransanktionen nicht belastbar. Einmal ist in Bezug auf Kuba bereits zweifelhaft, ob die USA durch Kuba überhaupt einer konkreten Bedrohung ausgesetzt sind, die mit der Verabschiedung extraterritorialer Handelsbeschränkungen ausgeräumt werden muss. Bezüglich des Irans bleiben die USA angesichts der parallel verabschiedeten, umfassenden UN Sanktionen den Beweis schuldig, dass trotz dieser bilateralen Sanktionen zusätzliche unilaterale und extraterritoriale Sanktionen erforderlich sind, um die USA zu schützen.[200]

II. Reichweite der Vollstreckungsgewalt

Die Vollstreckungsgewalt hat ihren Rechtsgrund allein im Territorialitätsprinzip. Es gilt der auch in den USA unumstrittene Grundsatz, dass ein Staat nur auf dem

---

[196] *Rensmann*, Extraterritoriale Exportkontrolle und Völkerrecht, AW-Prax 2011, 154 (155).

[197] Vgl. § 403 des *Restatement.*

[198] BVerfG, NJW 1999, 3325 (3325) und BVerfGE 92, 277 (321).

[199] *Doehring*, Völkerrecht, 356 f. Rn. 817 f.

[200] *Rensmann*, Extraterritoriale Exportkontrolle und Völkerrecht, AW-Prax 2011, 154 (154).

eigenen Gebiet hoheitliche Maßnahmen ergreifen und ohne die Zustimmung des betroffenen Staates seine Hoheitsakte nicht auf dessen Territorium physisch durchsetzen kann.[201] Es ist völkergewohnheitsrechtlich anerkannt, dass die Ausübung von Hoheitsgewalt auf fremdem Gebiet und der damit verbundene Eingriff in die territoriale Integrität eines anderen Staates den Staaten grundsätzlich untersagt ist.[202]

Auch wenn den USA die zwangsweise Durchsetzung der Exportkontrollen gegenüber US-amerikanischen Tochtergesellschaften mit Sitz in der EU damit auf direktem Wege nicht möglich ist, hindert dies die USA nicht an der Durchsetzung ihrer Sanktionen gegenüber solchen Unternehmen. Zum einen bleibt es den USA unbenommen, in die Vermögensgegenstände zu vollstrecken, die ihrer Jurisdiktion unterliegen und diese beispielsweise zu pfänden. Ferner setzen die USA auch auf die „freiwillige" Unterwerfung ausländischer Unternehmen unter das US-amerikanische Regime.[203] So wird gerade bei Verstößen von im Ausland ansässigen Tochtergesellschaften gerne Druck auf die US-amerikanische Muttergesellschaft ausgeübt, indem diese (zusätzlich) aufgefordert wird, für die Verfehlungen der Tochtergesellschaft gerade zu stehen.[204] Zum anderen bedienen sich die USA regelmäßig mittelbarer länderübergreifender Durchsetzungsmöglichkeiten, wie Reexportkontrollen und speziellen Berichtspflichten sowie der Drohung des Ausschlusses vom US-Dollar-Clearing oder des Entzugs von Export- oder Handelsprivilegien, um ihre Forderungen durchzusetzen.[205]

Angesichts der starken wirtschaftlichen Stellung der USA sowie deren Bedeutung für den internationalen Handel und als Absatzmarkt ist die streitige Durchsetzung entsprechender Sanktionsverstöße eher selten. Internationale Unternehmen lassen sich angesichts des massiven Drohpotentials der USA regelmäßig überzeugen, der Begleichung von Strafzahlungen für Sanktionsverstöße „freiwillig" nachzukommen, um in den USA nicht weiter in Ungnade zu fallen und dortige Privilegien – insbesondere das dortige Handelsprivileg – zu verlieren.

---

[201] *Meng*, Neuere Entwicklungen im Streit um die Jurisdiktionshoheit der Staaten im Bereich der Wettbewerbsbeschränkungen, ZaöRV 1981, 469 (472) m.w.N.; *v. Arnauld*, Völkerrecht, 144 Rn. 344; *Doehring*, Völkerrecht, 353 Rn. 812; *Epping* in: Ipsen, Völkerrecht, 81 f. Zur Thematik *Ziegenhain*, Extraterritoriale Rechtsanwendung und die Bedeutung des Genuine-Link-Erfordernisses, 17.

[202] *Huck*, Extraterritorialität US-amerikanischen Rechts im Spannungsverhältnis zu nationalen, supranationalen und internationalen Rechtsordnungen, NJOZ 2015, 993 (994).

[203] Vgl. *Ziegenhain*, Extraterritoriale Rechtsanwendung und die Bedeutung des Genuine-Link-Erfordernisses, 161.

[204] So ausdrücklich beispielsweise § 218(a)(2) des *Iran Threat Reduction and Syria Human Rights Act of 2012*.

[205] Hierzu *v. Behr*, Multinationale Unternehmen und Exportkontrollen, 298.

III. Diskussion

Das Auswirkungsprinzip ist für die USA die wichtigste Grundlage für die Verabschiedung extraterritorialer Wirtschafts- und Finanzsanktionen[206] und hat dort lange Tradition.[207] Die USA vertreten den Standpunkt, dass sämtliche Anknüpfungspunkte, die einen substantiellen Effekt auf die USA haben oder diesen zumindest beabsichtigen, die eigene Rechtsetzungsgewalt begründen können.[208] Im Rahmen extraterritorialer Handelsbeschränkungen wird regelmäßig argumentiert, dass sich die reglementierten Handelstätigkeiten auf die USA auswirken und den USA daher die Rechtsetzungsgewalt aufgrund des Auswirkungsprinzips zukommt.[209]

Ein derart weites Verständnis des Auswirkungsprinzips stellt dessen Sinn in Frage und führt direkt zum Kern des Problems. Das Auswirkungsprinzip besitzt den Nachteil der Unbestimmtheit und bedarf deshalb der inhaltlichen Konkretisierung.

---

[206] Vgl. *Svantesson*, A jurisprudential justification for extraterritoriality in (private) international law, 13 Santa Clara Journal of International Law 1 (2015) mit zahlreichen weiteren Verweisen. *Meng*, Extraterritoriale Jurisdiktion im öffentlichen Wirtschaftsrecht, 507 ff. und 515 ff.; *ders.*, Extraterritoriale Jurisdiktion und US-amerikanische Sanktionsgesetzgebung, EuZW 1997, 423 (427); *Yoo*, Federal Courts as Weapons of Foreign Policy: The Case of the Helms-Burton Act, 20 Hastings Int'l & Comp. L. Rev. 747, 751 ff. (1997); *Morehead/Dismuke*, Export Control Policies and National Security: Protecting U.S. Interests in the New Millennium, 34 Tex. Int'l L. J. 173, 176 (1999).

[207] Vgl. *Harvard Research Draft Convention on Jurisdiction with Respect to Crime*, 29 Am. J. Int'l L. 437, 445 (Supp. 1935). Die Doktrin wurde von der Rechtsprechung in der Entscheidung *United States v. Aluminium Co. of America (ALCOA),* 148 F.2d 416 (2d. Cir. 1945) angeführt und u. a. in den Entscheidungen *Timberlane Lumber Co. v. Bank of America*, 549 F.2d 597, 611 (9th Cir. 1976) und *Mannington Mills, Inc. v. Congoleum Corp.*, 595 F.2d 1287, 1297 (3d Cir. 1979) modifiziert. Hierzu *Meng*, Neuere Entwicklungen im Streit um die Jurisdiktionshoheit der Staaten im Bereich der Wettbewerbsbeschränkungen, ZaöRV 1981, 469 (482 ff.); *Mestmäcker*, Staatliche Souveränität und offene Märkte, RabelsZ 52 (1988), 205 (208); und *Juenger*, The „Extraterritorial" Application of American Antitrust Law and the New Foreign Relations Law Restatement, WuW 1990, 602 (611).

[208] *Mayer/Albrecht*, Bankvertrag und Finanzsanktionen: Leistungsverweigerungsrecht bei drohendem Verstoß gegen US-Verordnungen?, WM 2015, 1226 (1227). Die Gerichte orientieren sich in ihren Entscheidungen regelmäßig an den Vorgaben des *Restatement (Third) of Foreign Relations Law of the United States* § 403(1)(c): „Subject to § 403, a state has jurisdiction to prescribe law with respect to conduct outside its territory that has or is intended to have substantial effect within its territory", vgl. *Hixson*, Extraterritorial Jurisdiction Under the Third Restatement of Foreign Relations Law of the United States, 12 Fordham L. Rev. 127, 127 und 137 (1986). Die Anforderungen, die das *Restatement (Third) of Foreign Relations Law of the United States* an die Anknüpfungspunkte stellt, sind im Vergleich zu seinem Vorgänger, dem *Restatement (Second) of Foreign Relations Law of the United States*, das gemäß § 10(b) noch einen „substantial effect within the territory" als „direct and foreseeable" Resultat der im Ausland stattfindenden Handlung gefordert hatte, wesentlich schwächer. Hierzu *Meng*, Neuere Entwicklungen im Streit um die Jurisdiktionshoheit der Staaten im Bereich der Wettbewerbsbeschränkungen, ZaöRV 1981, 469 (481).

[209] Siehe nur *Buys*, United States Economic Sanctions: The Fairness of Targeting Persons from Third Countries, 17 B.U. Int'l L.J. 241, 250 f. (1999).

Das von der deutschen Rechtsprechung geforderte „Mindestmaß an Einsicht" und der von der US-amerikanischen Jurisprudenz geforderte „*substantial effect*", also die Verknüpfung zwischen Auslandssachverhalt und dessen Wirkungserstreckung in das Inland, kann die unterschiedlichsten Formen annehmen und durch mannigfaltige Handlungen hervorgerufen werden und ist daher rechtlich schwer zu fassen.[210]

Sofern der US-amerikanische Gesetzgeber die weitestgehend interpretationsoffene Anknüpfungstheorie in Bezug auf die Rechtssetzungsgewalt zum eigenen Vorteil nutzt, indem er – nicht zuletzt aus politischen Opportunitätserwägungen – einen großzügigen Maßstab anlegt und schon geringfügige oder entfernte Auswirkung auf das Inland als ausreichend erachtet, um die Anwendbarkeit der nationalen Handelsbeschränkungen zu rechtfertigen, kann er den Justizkonflikt *ab initio* nicht vermeiden. Da „*everything affects everything*"[211], kann mit einer solchen Herangehensweise die eigene Rechtsetzungsgewalt jederzeit und ohne weiteres regelmäßig auf das Auswirkungsprinzip gestützt werden, sofern dies (politisch) gewollt ist. Eine auf das Auswirkungsprinzip gestützte „Allzuständigkeit" der USA in Wirtschaftssachen und den damit einhergehenden Komplikationen kann aber auch von den USA nicht gewollt sein. Auch in ihrem Interesse dürften damit geringste oder undeutliche Berührungspunkte eines Auslandssachverhaltes mit den USA als nicht ausreichend erachtet werden, um Rechtssetzungsgewalt zu begründen. Stattdessen ist eine gewisse Form der Nachhaltigkeit der Inlandswirkung zu fordern.[212] Doch wann ist ein hinreichender Bezug hinreichend genug, wann ein substantieller Effekt substantiell?

In Bezug auf das Außenwirtschaftsrecht hat das Völkerrecht bisher offen gelassen, wo die Grenze zulässiger extraterritorialer Rechtsetzungsgewalt genau verläuft und wie nachhaltig die Inlandswirkung sein muss. Angesichts der Vielzahl an möglichen Szenarien ist diese auch kaum zu bestimmen. Man versucht sich dem Problem in zwei Schritten zu nähern. Einerseits versucht man den Begriff der „Auswirkung" zu präzisieren und enger zu fassen, indem man diesem mittels zusätzlicher Kriterien – beispielsweise durch das Erfordernis einer direkten, unmittelbaren, vorhersehbaren oder erheblichen Inlandswirkungen – stärkere Konturen verleiht.[213] Dadurch soll der Anwendungsbereich des Auswirkungsprinzips beschränkt werden, was wiederum eine Überlappung von verschiedenen Rechtssetzungsgewalten von vornherein verhindern soll. Andererseits wird versucht, die konkurrierende Zuständigkeit zweier Staaten basierend auf kollidierenden Rechts-

---

[210] *Schirmer*, Die Konkretisierung des Auswirkungsprinzips im internationalen Kartellrecht, 47; *Basedow*, Weltkartellrecht, 21.

[211] Zitiert nach *Parrish*, The Effects Test: Extraterritoriality's Fifth Business, 61 Vand. L. Rev. 1455, 1478 f. (2008).

[212] *Basedow*, Weltkartellrecht, 22; *Heinemann*, Die Anwendbarkeit ausländischen Kartellrechts – Probleme der Qualifikation und der Anknüpfung im internationalen Kartellprivatrecht: Mélanges en l'honneur de Bernard Dutoit, 2002, 115, 125.

[213] Diese Kriterien sind ihrerseits der Kritik ausgesetzt vgl. *Basedow*, Weltkartellrecht, 22; *Schirmer*, Die Konkretisierung des Auswirkungsprinzips im internationalen Kartellrecht, 47.

setzungsregelungen im Rahmen einer Abwägung der Interessen der involvierten Staaten an der Ausübung der Rechtsetzungsgewalt im Lichte aller Umstände zu lösen.[214] So schlägt der vom American Law Institute erlassene § 403 *Restatement (Third) of Foreign Relations Law of the United States* (*Restatement*) vor, dass die USA auf ihre Rechtsetzungsgewalt, trotz Vorliegens einer ausreichenden Anknüpfung des Sachverhalts mit den USA, unter bestimmten Voraussetzungen und nach Abwägung der widerstreitenden Interessen der involvierten Staaten verzichten sollen, wenn die Ausübung der Rechtsetzungsgewalt unvernünftig (*unreasonable*) sei.[215]

Beide Ansätze sind problembehaftet. Die versuchte Präzisierung der erforderlichen Nachhaltigkeit der Inlandswirkung kann durch die Heranziehung weiterer inhaltsoffener und dadurch interpretationsbedürftiger Begriffe ohne die Festsetzung allgemeinverbindlicher Auslegungsstandards, entsprechender gesetzlicher Vorgaben oder einer einheitlichen Spruchpraxis kaum gelingen. Sie sind deshalb nur bedingt geeignet, die bestehende Rechtsunsicherheit zu beseitigen. Es fehlt schlicht an einheitlichen, von Gerichten festgelegten und klar umrissenen Kriterien, die bestimmen, welche Inlandsberührung noch ausreichen soll, Rechtssetzungsgewalt zu begründen.

Auch die von der Praxis vorgeschlagene und auch im *Restatement* verankerte Interessenabwägung (*balancing test*), wonach es das Regelungsinteresse des handelnden Staates mit den gegenläufigen Interessen der anderen, von der Regelung tangierten Staaten, abzuwägen gilt, ist zu kritisieren. Offensichtlich scheint diese Abwägung zumindest im Rahmen des US-amerikanischen Außenwirtschaftsrechts regelmäßig zu Gunsten der USA auszufallen.

Dies dürfte daran liegen, dass die Interessenabwägung auf dem Prinzip der internationalen Rücksichtnahme (*comity*)[216] beruht, welchem seinerseits keine verpflichtende Wirkung zukommt, und daher von den Gerichten nicht zwingend angewandt werden muss.[217] § 403 des *Restatement* ändert dies nicht.[218] Die Gerichte

---

[214] Für eine völkerrechtliche Pflicht zur Interessenabwägung siehe auch *Geimer*, Internationales Zivilprozessrecht, 75 Rn. 171.

[215] Hierzu siehe *Meessen*, Conflicts of Jurisdiction under the New Restatement, 50 Law & Contemp. Probs. 47, 53 ff. (1987).

[216] Der U.S. Supreme Court hat in *Hilton v. Guyot*, 159 U.S. 113, 164 (1895) das Prinzip als „recognition which one nation allows within its territory to the legislative, executive or judicial acts of another nation, having due regard both to international duty and convenience and to the rights of its own citizens or of other persons who are under the protection of its laws" definiert.

[217] Siehe nur *Baetge*, The Extraterritorial Reach of Antitrust Law between Legal Imperialism and Harmonious Coexistence – The Empagran Judgement of the U.S. Supreme Court from a European Perspective, in: Gottschalk/Michaels/Rühle/v. Hein (Hrsg.), Conflict of Laws in a Globalized World, 220, 235 ff.

[218] Es handelt sich hierbei um eine vom American Law Institute vorgenommene private Kodifikation der amerikanischen Rechtsprechungsgrundsätze zum Völkerrecht und nicht etwa um ein verbindlich zu beachtendes oder anzuwendendes Gesetz.

sind also frei zu entscheiden, ob sie sich freiwillig zurückhalten bzw. den Gesetzgeber in seinem Tatendrang bremsen wollen. Ferner stellt die vorgeschlagene Interessensabwägung die US-amerikanischen Gerichte auch inhaltlich vor erhebliche Schwierigkeiten.

Zum einen wird die Rechtmäßigkeit der US-amerikanischen Handelsbeschränkungen nur selten Gegenstand gerichtlicher Verfahren. Dies liegt vornehmlich daran, dass die weit überwiegende Zahl an entsprechenden Sanktionsverstoßverfahren außergerichtlich abgeschlossen werden, den Gerichten also gar nicht die Möglichkeit eingeräumt wird, die Vereinbarkeit der jeweiligen Sanktionsregelung mit dem Völkerrecht zu überprüfen. Die betroffenen Wirtschaftsteilnehmer eines entsprechender Sanktionsverstoßverfahren ziehen es stattdessen vor, auf ein langwieriges und teureres streitiges Gerichtsverfahrens zu verzichten, das Verfahren in Form eines Vergleiches abzuschließen und sich im Rahmen eines *Deferred-Prosecution* oder *Non-Prosecution Agreement* von der zivil- oder strafrechtlichen Verurteilung „freikaufen" zu können.[219] Auch wenn sich die Unternehmen zur vollen Kooperation mit den Ermittlungsbehörden verpflichten und damit regelmäßig selbst einen Großteil der Aufklärungsarbeit leisten (müssen), ist der Abschluss eines solchen Vergleichs für die Unternehmen deswegen so erstrebenswert, da die Geldstrafe im Vergleich zu der Strafe, die am Ende eines gerichtlichen Verfahrens droht, regelmäßig erheblich geringer ist. Die neben der Geldstrafe zusätzlich zu erfüllenden Aufgaben, wie beispielsweise die Einhaltung bestimmter Kontroll-, Überwachungs- und Informationspflichten gegenüber den US-amerikanischen Behörden oder die Installation eines umfangreichen Compliance Programms, ändern hieran nichts.[220]

In den wenigen Fällen, in denen die Judikative überhaupt einmal die Frage der Regelungskompetenz des US-amerikanischen Gesetzgebers bzw. die Rechtmäßigkeit dessen Handelns beantworten muss oder will[221], scheint sich die Judikative aufgrund der politischen und ökonomischen Aufgeladenheit der Fragestellung und mangels eindeutiger und universal akzeptierter Kriterien, welche sie zur Lösung des

---

219 Vgl. *Huck*, Extraterritorialität US-amerikanischen Rechts im Spannungsverhältnis zu nationalen, supranationalen und internationalen Rechtsordnungen, NJOZ 2015, 993 (1000). Vertiefend *v. Busekist/Hein*, Ein praktischer Compliance Standard in den USA? Eine Analyse von Prosecution Agreements mit dem Department of Justice, CCZ 2013, 185.

220 Hierzu *Rübenstahl/Skoupil*, Anforderungen der US-Behörden an Compliance-Programme nach dem FCPA und deren Auswirkungen auf die Strafverfolgung von Unternehmen – Modell für Deutschland, wistra 2013, 209 (209).

221 Zurückhaltung hatte insbesondere der U.S. Supreme Court bereits in den Entscheidungen *Zemel v. Rusk*, 381 U.S. 1 (1965); *Regan v. Wald*, 468 U.S. 222, 242 (1984) und *Harisiades v. Shaughnessy*, 342 U.S. 580, 588 (1952) geübt und der Exekutive einen weiten Einschätzungsspielraum eingeräumt: „The policy toward aliens is so exclusively entrusted to the political branches of the Government as to be largely immune from judicial inquiry or interference, and it cannot be said that the power has been so unreasonably or harshly exercised by Congress in this Act as to warrant judicial interference." Dazu *Mashburn*, *Regan v. Wald*, The Supreme Court Defers to Presidential Authority of Foreign Policy by Upholding Travel Restrictions to Cuba, 15 Ga. J. Int'l & Comp. L. 83, 95 (1985).

Problems heranziehen könnte, oder mangels einer international akzeptierten Staatenpraxis[222], ebenfalls schwer zu tun, die gegenseitigen Interessen abzuwiegen, geschweige denn die Interessen der USA denen anderer Staaten unterzuordnen. Dies dürfte unter anderem auch damit zu begründen sein, dass die in § 403 des *Restatement* kodifizierten Grundsätze zur Jurisdiktionenabgrenzung und -beschränkung zur Auflösung des Konflikts nur wenig beitragen können. Die dort genannten Faktoren, die die Gerichte bei ihrer Abwägung berücksichtigen können, sind ihrerseits in Gewichtung und Wertung unbestimmt und eröffnen damit weiteren Interpretationsspielraum.[223] Wenig förderlich ist es beispielsweise, dass die Gerichte angehalten sind, auch *„the degree to which the desirability of such regulation is generally accepted"* bzw. *„the importance of the regulation to the international political, legal, or economic system"* in die Abwägung mit einfließen zu lassen. Eine solche Abwägung politischer und ökonomischer Interessen verschiedener Nationen ist primär Aufgabe der Legislative und der Politik und kann aufgrund deren Komplexität von den Gerichten offensichtlich nur unter größten Schwierigkeiten geleistet werden. Die Gerichte scheitern regelmäßig schon an der genauen Bestimmung der Interessen.

Auch lässt das *Restatement* offen, wann ein eindeutiges Überwiegen der fremden Belange im Vergleich zu den eigenen Interessen des handelnden Staates vorliegen soll, welches das Zurückweichen des eigenen Regelungsanspruches rechtfertigen würde. Im Gegensatz zu inneramerikanischen Rechtskollisionen, für die einheitliche von Legislative und Judikative festgelegte Kriterien existieren, werden die Gerichte auf internationaler Ebene sich selbst überlassen.

Angesichts der schwierigen Handhabung der Materie scheinen die US-amerikanischen Gerichte von vornherein eher dazu geneigt – selbst wenn sie eine entsprechende Abwägung vornehmen –, der Einschätzungsprärogative der Legislative oder Exekutive zu folgen und davon auszugehen, dass gerade die nationalen Interessen einem überwiegenden Anliegen entsprechen und daher denen des anderen Staates vorzuziehen sind[224]:

> „Analysis has not resulted in a significant number of conflict resolutions favoring a foreign jurisdiction [because] when push comes to shove, the domestic forum is rarely unseated."[225]

---

[222] *Meng*, Neuere Entwicklungen im Streit um die Jurisdiktionshoheit der Staaten im Bereich der Wettbewerbsbeschränkungen, ZaöRV 1981, 469 (505 f.).

[223] § 403 Abs. 3 des *Restatement* spricht inhaltsoffen vom „klaren Überwiegen der Interessen eines Staates".

[224] So auch *Lau*, Triggering Parent Company Liability Under United States Sanctions Regimes: The troubling Implications of Prohibiting Approval and Facilitation, 41 Am. Bus. L.J. 413, 442 (2004). Kritisch auch *v. Behr*, Multinationale Unternehmen und Exportkontrollen, 162 ff. und *Meng*, Neuere Entwicklungen im Streit um die Jurisdiktionshoheit der Staaten im Bereich der Wettbewerbsbeschränkungen, ZaöRV 1981, 469 (505).

[225] *Laker Airways v. Sabena*, 731, F.2d 909, 949 und 951 (D.C. Cir. 1984). Siehe auch *Freedom to Travel Campaign v. Newcomb*, 82 F.3d 1431 (9th Cir. 1996): „Even were we to second guess the President, this is not a case where the Government has set forth no justifications

Ein derartig einseitig und weitreichend verstandenes Auswirkungsprinzip konterkariert seinen eigentlichen Zweck – die Vermeidung von Jurisdiktionskonkurrenzen mit anderen Staaten.[226] Solange die Interessen der ausländischen Staaten aber schon bei der Gesetzgebung nicht ausreichend berücksichtigt werden und eine transparente Abwägung des Gesetzgebers nicht stattfindet, wird sich daran nichts ändern.

Entsprechend dauert der Streit zwischen den USA und der EU über die Anwendbarkeit der Prinzipien im Sanktionsrecht und die Frage, wie die überlappenden Zuständigkeitsregelungen einem für beide Seiten angemessenen Ausgleich zugeführt werden können, bis heute an. Dabei liegt das Problem nicht im Auswirkungsprinzip *per se*, sondern in dessen Anwendung im konkreten Einzelfall.[227] Es ist höchste Zeit, dass die internationale Staatengemeinschaft für die Kompatibilität des Rechts mit der Internationalisierung des Handels sorgt und einen Weg aus der derzeitigen Patt-Situation findet. Da die Gründe für den Konflikt vornehmlich politischer Natur sind, scheint eine juristische Lösung auf Basis des bestehenden Rechts vermessen.[228]

Damit eine allgemein anerkannte Lösung für das Problem erarbeitet werden kann, ist es stattdessen erforderlich, die Abwägung der einzelstaatlichen Interessen auf eine internationale Ebene zu leiten. Es bedarf eines intensiven, politischen Dialogs innerhalb der internationalen Staatengemeinschaft, auf dessen Grundlage internationale Absprachen und völkerrechtliche Verträge getroffen bzw. geschlossen werden, die die Jurisdiktionskompetenzen der Staaten, deren Ausgleich und Rangverhältnis unter Berücksichtigung des völkerrechtlichen Prinzips der Gleichheit der Staaten und des Interventionsverbots regelt. Nur so kann der innenpolitische Entscheidungsprozess der Einzelstaaten, allen voran der der USA, beeinflusst werden. Die auf dem Gebiet des internationalen Straf- und Kartellrechts geschlossenen völkerrechtlichen Abkommen könnten genau wie Art. 7 der *New Yorker Regeln der International Law Association* (1972)[229] bei der Entwicklung konkreter Regeln Pate stehen.[230]

---

at all. It has detailed numerous reasons for the embargo. We will look no further. The Cuban Asset Control Regulations' travel ban is constitutional."

226 *Parrish*, The Effects Test: Extraterritoriality's Fifth Business, 61 Vand. L. Rev. 1455, 1478 f. (2008).

227 *Meng*, Neuere Entwicklungen im Streit um die Jurisdiktionshoheit der Staaten im Bereich der Wettbewerbsbeschränkungen, ZaöRV 1981, 469 (503).

228 Vgl. Foreign Press Center briefing by Under Secretary of Political Affairs Bill Burns, UN Security Resolution 1929 on Iran, v. 9.6.2010, abrufbar unter http://fpc.state.gov. Siehe auch *Manchak*, Comprehensive Economic Sanctions, the Right to Development, and Constitutionally Impermissible Violations of International Law, 30 B.C. Third World L.J. 417, 447 (2010).

229 Abgedruckt bei *Geimer*, Internationales Zivilprozessrecht, 75 f. Rn. 172. Diese sieht vor, dass „falls bei konkurrierenden Zuständigkeiten zweier oder mehrerer Staaten ein Konflikt hinsichtlich des Verhaltens einer Person auftritt, [...] jeder Staat verpflichtet [ist], bei der Anwendung seines eigenen Rechts auf das Verhalten in einem anderen Staat die bedeutenden Interessen und die Wirtschaftspolitik dieses anderen Staates angemessen zu berücksichtigen."

IV. Reaktion des Auslands

In Ermangelung solcher Regeln und angesichts der Tatsache, dass die USA von dem Erlass von extraterritorial zur Anwendung kommenden Handelsbeschränkungen ohne ausreichende Berücksichtigung der Interessen anderer Staaten oder deren Protest nicht abließen, sondern dies sogar weiter intensivierten, verabschiedeten einige Länder Abwehrgesetze gegen die Anwendung US-amerikanischer Sekundärsanktionen auf ihrem Staatsgebiet.[231] Zu den wichtigsten Abwehrgesetzen zählt der von Großbritannien erlassene *U.K. Protection of Trading Interests Act*[232], der kanadische *Foreign Extraterritorial Measures Act* (FEMA)[233] und die darauf basierende *Foreign Extraterritorial Measures (United States) Order, 1992* (FEMA ORDER) sowie das mexikanische Gesetz zum Schutz des Handels und von Investitionen vor ausländischen Gesetzen, die internationalem Recht widersprechen[234]. Die jeweiligen nationalen Abwehrgesetze sehen im Allgemeinen ein Verbot der Befolgung der US-amerikanischen Sanktionen und eine Pflicht zur unmittelbaren Information der zuständigen Behörden im Falle der Einleitung von Sanktionsverstoßverfahren durch die USA vor. In einzelnen Abwehrgesetzen sind aber auch spezifische Schutzmechanismen verankert: So wurde beispielsweise der *FEMA* unmittelbar nach Erlass des *Helms-Burton Act* dahingehend modifiziert, dass dieser die Vollstreckung sämtlicher auf Basis des Title III dieses Gesetzes erwirkten Urteile in Kanada untersagt und Kanadiern das Recht einräumt, vor einem kanadischen Gericht die Summe einzuklagen, die an die US-amerikanischen Behörden gezahlt

---

Übersetzung von *Meessen*, Die New Yorker Resolution der International Law Association zu den völkerrechtlichen Grundsätzen des internationalen Kartellrechts, AWD 1972, 560 (562).

[230] Vgl. *Ziegenhain*, Extraterritoriale Rechtsanwendung und die Bedeutung des Genuine-Link-Erfordernisses, 45.

[231] Hierzu *Clark/Wang*, Foreign Sanctions Countermeasures and Other Responses to U.S. Extraterritorial Sanctions, http://www.nftc.org, 12 f.; *Clark*, Dealing with U.S. Extraterritorial Sanctions and Foreign Countermeasures, 25 U. Pa. J. Int'l Econ. L. 455, 481 (2004); *Glossop*, Foreign Extraterritorial Measures Act and U.S. Restrictions on Trade with Cuba, 21 Int'l Law. 93, 96 ff. (1998); *Nagel/Gottwald*, Internationales Zivilprozessrecht, 325 f. Rn. 311 ff.

[232] U.K. Protection of Trading Interests Act von 1980. Hierzu *Lowe*, Blocking Extraterritorial Jurisdiction: The British Protection of Trading Interest Act, 1908, 75 Am. J. Int'l L. 257, 270 (1982) und *Neuhaus*, Power to Reverse Foreign Judgments: The British Clawback Statute Under International Law, 81 Colum. L. Rev. 1097, 1098 (1981). Fallbeispiele finden sich bei *Davidson*, U.S. Secondary Sanctions: The U.K. and EU Response, 27 Stetson L. Rev. 1425, 1429 (1998).

[233] Foreign Extraterritorial Measures Act, R.S.C. 1985, c. F-29 und der dortige § 5(1). ill C-54: An Act to Amend The Foreign Extraterritorial Measures ACT (FEMA) abgedruckt in 36 I.L.M. 111 (1997). FEMA ist abrufbar unter http://laws-lois.justice.gc.ca.

[234] Ley de Protección Al Comercio Y La Inversión De Normas Extranjeras Que Contravengan El Derecho International, Diario Oficial de la Federación v. 23.10.1996, 9 f. Eine englische Übersetzung findet sich in 36 I.L.M. 133 (1997); *o.V.*, Mexico's Position Regarding the Helms-Burton Act and Cuba, 20 Hastings Int'l & Comp. L. Rev. 809 (1997); *Rathbone/Jeydel/Lentz*, Sanctions, Sanctions Everywhere: Forging a Path through Complex Transnational Sanctions Laws, Georgetown Journal of International Law 1056, 1121 (2013).

werden musste (*clawback*-Klausel).[235] Über reine Abwehrgesetze hinausgehend wurden zudem einzelne nationale Regelungen erlassen, die inländische Unternehmen ausdrücklich davon abhalten sollen, sich dem US-amerikanische Sanktionsregime zu beugen und die die entsprechende Befolgung der US-amerikanischen Sanktionsnormen seitens nicht US-amerikanischer Personen oder Unternehmen unter Strafe stellten.

V. Reaktion der Vereinten Nationen

Die Generalversammlung der Vereinten Nationen (U.N.) hat sich von jeher mittels verschiedener Resolutionen gegen die extraterritoriale Anwendung der US-Sanktionen im Allgemeinen und gegen das US-amerikanische Embargo gegen Kuba im Besonderen gestellt. In ihren Resolutionen stellt die U.N. klar, dass sie

> „strongly objects to the extraterritorial natures of [unilateral measures not in accordance with international law] which, in addition, threaten the sovereignty of States, and in this context calls upon all Member States neither to recognize those measures nor to apply them, as well as to take administrative or legislative measures, as appropriate, to counteract the extraterritorial applications or effects of unilateral coercive measures.“[236]

Als Reaktion auf die Verabschiedung des *Cuban Democracy Act* hat die UN die Resolution *Necessity of Ending the Economic, Commercial, and Financial Embargo Imposed by the United States of America Against Cuba*[237] verabschiedet, in welcher

---

[235] Kanada zählt zweifellos mit zu den größten Kritikern des US-amerikanischen Sanktionssystems in Bezug auf Kuba. Neben der Ausübung von internationalem politischen Druck drohten Kanada und Mexico den USA als Reaktion auf deren Implementierung des *Helms-Burton Act* diesen auf dessen Vereinbarkeit mit dem Nordamerikanischen Freihandelsabkommen (North American Free Trade Agreement (NAFTA)) überprüfen zu lassen. Siehe *Oyer*, The Extraterritorial Effects of U.S. Unilateral Trade Sanctions and Their Impact on U.S. Obligations under NAFTA, 11 Fla. J. Int'l L. 429, 449 ff. (1997); *Campbell*, Helms-Burton: The Canadian View, 20 Hastings Int'l & Comp. L. Rev. 799, 803 (1997) und *Clark*, Dealing with U.S. Extraterritorial Sanctions and Foreign Countermeasures, 25 U. Pa. J. Int'l Econ. L. 455, 485 (2004).

[236] Vgl. Human Rights and Unilateral Coercive Measures, Resolution of the United Nations General Assembly, A/RES/69/180 (Jan. 30, 2015), 3, die unter http://www.un.org abrufbar ist und die entsprechenden Resolutionen aus früheren Jahren: A/RES/51/103 (March 3, 1997); A/RES/61/170 (Feb. 27, 2007); A/RES/62/162 (March 13, 2008); A/RES/63/179 (March 26, 2009); A/RES/64/170 (March 24, 2010); A/RES/65/217 (April 6, 2011); A/RES/66/156 (March 20, 2012); A/RES/67/170 (March 20, 2013); A/RES/68/162 (Feb. 21, 2014). Ähnlich deutliche Aussagen sind zudem den Resolution hinsichtlich der „Elimination of Coercive Economic Measures as a Means of Political and Economic Compulsion, Resolution of the United Nations General Assembly“, A/RES/51/22 (Dec. 6, 1996); A/RES/53/10 (Nov. 3, 1998) und A/RES/57/5 (Nov. 1, 2002) zu entnehmen.

[237] Vgl. Necessity of Ending the Economic, Commercial, and Financial Embargo Imposed by the United States of America Against Cuba, Resolutions of the United Nations General Assembly, A/RES/47/19 (Nov. 24, 1992).

sie sich für ein sofortiges Ende des US-amerikanischen Embargos ausspricht.[238] Trotz der Entspannung der diplomatischen und wirtschaftlichen Beziehungen zwischen den USA und Kuba erneuerte die Generalversammlung erst im Oktober 2015 ihre ablehnende Haltung hinsichtlich der unilateralen Handelsbeschränkungen der USA gegenüber Kuba. Zum vierundzwanzigsten Mal in Folge.[239]

VI. Reaktion der Europäischen Union

Auch innerhalb der EU regt sich seit den späten 1980er Jahren der Widerstand gegen das US-amerikanische Vorgehen. Während die europäischen Unternehmen anfänglich versuchten, die Gunst der Stunde zu nutzen und alles daran setzten, ihre Iran-Aktivitäten auszuweiten und den von den US-amerikanischen Unternehmen geräumten Platz einzunehmen, was wiederum zu heftigen Verstimmungen mit den USA führte[240], haben sich die EU und ihre Vorgängerorganisationen seitdem gegen die *secondary sanctions* der USA gestellt. Schon als Reaktion auf die Sanktionen im Pipeline-Fall[241] und anschließend im Fruehauf-Verfahren[242] hatte die Europäische

[238] Vgl. *Clark/Wang*, Foreign Sanctions Countermeasures and Other Responses to U.S. Extraterritorial Sanctions, http://www.nftc.org, 7.

[239] Siehe A/RES/47/19 (Nov. 24, 1992); A/RES/48/16 (Nov. 3, 1993); A/RES/49/9 (Oct. 26, 1994); A/RES/50/10 (Nov. 2, 1995); A/RES/51/17 (Nov. 12, 1996); A/RES/52/10 (Nov. 5, 1997); A/RES/53/4 (Oct. 14, 1998); A/RES/54/21 (Nov. 9, 1999); A/RES/55/20 (Nov. 20, 2000); A/RES/56/9 (Nov. 27, 2001); A/RES/57/11 (Nov. 12, 2002); A/RES/58/7 (Nov. 4, 2003); A/RES/59/11 (Oct. 28, 2004); A/RES/60/12 (Nov. 8, 2005); A/RES/61/11 (Nov. 8, 2006); A/RES/62/3 (Oct. 30, 2007); A/RES/63/7 (Oct. 29, 2008); A/RES/64/6 (Oct. 28, 2009); A/RES/65/6 (Oct. 26, 2010); A/RES/66/6 (Oct. 25, 2011); A/RES/67/4 (Nov. 13, 2012); A/RES/68/8 (Oct. 29, 2013) und A/RES/69/5 (Oct. 28, 2014). Die jüngste Resolution A/RES/70/5 (Oct. 27, 2015) ist genau wie ihre Vorgängerinnen unter http://www.un.org abrufbar.

[240] Insbesondere stieß es den USA übel auf, dass europäische und russische Unternehmen das US-amerikanische Unternehmen Conoco bei der Erdölförderung in Iran ersetzen wollten, das seinerseits auf die *Executive Order 12957* hin, welche es US-amerikanischen Unternehmen untersagt, Ölförderprojekte im Iran zu leiten oder zu finanzieren, vom Projekt Abstand genommen hatte. Die USA drohten unter anderem der französischen Firma Total SA damit, Handelsprivilegien in den USA erheblich einzuschränken, sollte sie von einem Projekt im Iran im Volumen von US-Dollar 2 Milliarden nicht Abstand nehmen. Nachdem die EU daraufhin mit einem Verfahren vor der WTO drohte, sahen die USA davon ab, das Verhalten von Total SA in den USA zu sanktionieren. Vertiefend *Shambaugh*, States, Firms and Power Successful Sanctions in United States Foreign Policy, 1999, 199 ff.

[241] Zum Fall und der Entscheidung der Rechtsbank Den Haag in den Niederlanden siehe *Basedow*, Das amerikanische Pipeline-Embargo vor Gericht, RabelsZ 47 (1983), 141; *de Boer/Kotting*, Der niederländische Richter und das US-Gasröhren-Embargo, IPRax 1984, 108 (108 ff.); *Meng*, Extraterritoriale Jurisdiktion im öffentlichen Wirtschaftsrecht, 301 ff. mit zahlreichen weiteren Verweisen; *Meessen*, Extraterritoriality of Export Control: A German Lawyer's Analysis of the Pipeline Case, 27 Ger. Y.B. Int'l L. 97 (1984); *Marcus*, Soviet Pipeline Sanctions: the President's Authority to Impose Extraterritorial Controls, 15 Law & Pol'y Int'l Bus. 1163 (1983); *Vagts*, The Pipeline Controversy: an American Viewpoint, 27 G.Y.I.L. 38

Wirtschaftsgemeinschaft die unilateralen und extraterritorial zur Anwendung kommenden US-amerikanischen Sanktionen als generell nicht mit dem internationalen Recht vereinbar gerügt.[243] Schließlich waren es sowohl die Verabschiedung des *Helms-Burton Act* als auch des *ISA*, die das Fass zum Überlaufen brachten und die EU veranlassten, gegenüber den USA eine härtere Gangart einzuschlagen.[244]

Zwar machte Präsident Clinton – genau wie alle nachfolgenden Präsidenten[245] – von der ihm durch den *Helms-Burton Act* eingeräumten Kompetenz[246] Gebrauch und setzte die Anwendung der in Title III eingeräumten allgemeinen Möglichkeit, (auch) Nicht-Amerikaner vor US-amerikanischen Gerichten wegen Sanktionsverstößen auf Schadenersatz zu verklagen, aus. Trotzdem leitete die EU im Mai und Oktober 1996 offiziell erste Schritte zur Initiierung eines Verfahrens vor der Welthandelsorganisation (*World Trade Organization* (WTO)) gegen die USA ein[247], um die Rechtmäßigkeit des *Helms-Burton Act* und seiner Sanktionen vor dem Hintergrund des Allgemeinen Zoll- und Handelsabkommens (*General Agreement on Tariffs and Trade* (GATT)) und des Allgemeinen Abkommens über den Handel mit Dienstleistungen (*General Agreement on Trade in Services* (GATS)) überprüfen zu lassen.[248] Die USA erklärten über politische Kanäle, dass der *Helms-Burton Act* die

---

(1984) und *Rodman*, Sanctions At Bay? Hegemonic Decline, Multinational Corporations, and U.S. Economic Sanctions Since the Pipeline Case, 49 Int'l Org. 105 (1995).

242 Hierzu *Graves*, Extraterritoriality and its Limits: The Iran and Libya Sanctions Act of 1996, 21 Hastings Int'l & Comp. L. Rev. 715, 728 f. (1998); *Ziegenhain*, Extraterritoriale Reichweite des US-amerikanischen und des reformierten deutschen Exportkontrollrechts, RIW 1993, 897 (901).

243 Die Europäische Gemeinschaft hat die amerikanischen Sanktionen, die den Bau der russischen Pipeline stoppen sollten, als „unacceptable under international law because of their extraterritorial aspects" bezeichnet, vgl. die Kommentierung der Europäischen Gemeinschaft hinsichtlich der Erweiterung der U.S. Export Regulations (Aug. 12, 1982), abrufbar unter http// :aei.pitt.edu/1768/01 US_dispute_comments_1982.pdf. Siehe auch das EG-Démarche, ILM 1982, 891. Dazu *Kuyper*, The European Community and the US Pipeline Embargo: Comments on Comments, GYIL 1984, 72 und *Lowe*, Public International Law and the Conflict of Laws: the European Response to the United States Export Administration Regulations, 33 Int'l & Comp. L.Q. 515 (1984).

244 Vgl. *Clark/Wang*, Foreign Sanctions Countermeasures and Other Responses to U.S. Extraterritorial Sanctions, http://www.nftc.org, 5; *Clark*, Dealing with U.S. Extraterritorial Sanctions and Foreign Countermeasures, 25 U. Pa. J. Int'l Econ. L. 455, 466 (2004); *Buys*, United States Economic Sanctions: The Fairness of Targeting Persons from Third Countries, 17 B.U. Int'l L.J. 241, 248 f. (1999) spricht von einem „loud international outcry".

245 *Boscariol*, An Anatomy of a Cuban Pyjama Crisis: Reconsidering Blocking Legislation in Response To Extraterritorial Trade Measures of the United States, 30 Law & Pol'y Int'l. Bus. 439, 469 (1999).

246 Vgl. 22.U.S.C. § 6085(b).

247 Vgl. WT/DS38/1, Request for Consultations by the European Communities (May 13, 1996), und WT/DS38/2 Request for the Establishment of a Panel by the European Communities (Oct. 8, 1996). Hierzu *Nissen*, Der Helms-Burton Act vor der WTO, RIW 1999, 350.

248 *Meng*, Extraterritoriale Jurisdiktion und US-amerikanische Sanktionsgesetzgebung, EuZW, 423 (425 f.). Weitere WTO Verfahren gegen US-amerikanische Sanktionen wurden im

nationalen außenpolitischen (Sicherheits-)interessen der USA beträfe und es ihnen damit entsprechende Ausnahmeklauseln innerhalb der Abkommen[249] erlaubten, den Anwendungsbereich von GATT oder GATS zu suspendieren.

Die Beurteilung der Rechtmäßigkeit dieser Argumentation steht bis heute aus. Zu einem Verfahren vor der WTO kam es nie, da die USA schlicht ihre Teilnahme verweigerten[250] und sich die EU und die USA unter Präsident Clinton in politischen Verhandlungen auf das *Memorandum of Understanding Concerning the U.S. Helms-Burton Act and the U.S. Iran-Libya Sanctions Act* im Jahre 1997 einigten, welches unter anderem vorsah, dass die „*U.S. Administration*" den Kongress um Zustimmung zur Aussetzung des Title IV des *Helms-Burton Act* durch entsprechende Präsidialorder ersuchen.[251] Im Jahre 1998 festigten die EU und die USA ihre Partnerschaft und erarbeiteten weitere gemeinsame Standpunkte,[252] in welchen sich beispielsweise sowohl die EU als auch die USA gleichermaßen verpflichteten

> „[not to seek or propose and to resist] the passage of new economic sanctions legislation based on foreign policy grounds which is designed to make economic operators of the other [signatory] behave in a manner similar to that required of [the signatory's] own economic operators."[253]

Jahre 1998 und 2000 eingeleitet, siehe *Clark/Wang*, Foreign Sanctions Countermeasures and Other Responses to U.S. Extraterritorial Sanctions, http://www.nftc.org, 20.

[249] Siehe Beispielsweise die *Security Exceptions* des Artikel XXI GATT, die den Vertragsparteien im Hinblick auf ihre außenpolitischen Interessen großen Spielraum zur Suspension ihrer vertraglichen Verpflichtungen des GATT einräumt: „Nothing in this Agreement shall be construed […] (b) to prevent any contracting party from taking any action which it considers necessary for the protection of its essential security interests (i) relating to fissionable materials or the materials from which they are derived; (ii) relating to the traffic in arms, ammunition and implements of war and to such traffic in other goods and materials as is carried on directly or indirectly for the purpose of supplying a military establishment; (iii) taken in time of war or other emergency in international relations […]."

[250] *Clark*, Dealing with U.S. Extraterritorial Sanctions and Foreign Countermeasures, 25 U. Pa. J. Int'l Econ. L. 455, 482 (2004) m.w.N.

[251] European Union – United States: Memorandum of Understanding Concerning the U.S. Helms-Burton Act und the U.S. Iran and Libya Sanctions Act, April 11, 1997, 36 I.L.M. 529, 530 (1997). Hierzu *Smis/Van der Borght*, The EU-U.S. Compromise on the Helms-Burton and D'Amato Acts, 93 Am. J. Int'l L. 227 (1993).

[252] Vgl. u.a. das Understanding with Respect to Disciplines for the Strengthening of Investment Protection (May 18, 1998) und die Vereinbarung über eine Transatlantic Partnership and Political Cooperation, May 18, 1998, abgedruckt in Inside U.S. Trade, May 22, 1998, 23–7. Hierzu *Smis/Van der Borght*, The EU-U.S. Compromise on the Helms-Burton and D'Amato Acts, 93 Am. J. Int'l L. 227 (1993) und *Roy*, The „Understanding" between the European Union and the United States over Investment in Cuba, University of Miami, Working Paper Series Vol. 2 No. 6, May 2002, 88.

[253] Transatlantic Partnership on Political Cooperation, May 18, 1998, nachgedruckt in EU-U.S. Declaration on Political Cooperation, Inside U.S. Trade, May 22, 1998, 23–7; *Murphy*, United States Practice in International Law: Vol. 1, 1999–2001, 51; *Clark/Wang*, Foreign Sanctions Countermeasures and Other Responses to U.S. Extraterritorial Sanctions, http://www.nftc.org, 18.

Darüber hinaus sagten die USA zu, den Ausschluss des Title III des *Helms-Burton Act* gegenüber der EU nicht länger von einer präsidialen Entscheidung abhängig machen zu wollen, sondern einen dauerhaften gesetzlichen Ausschluss zu schaffen.[254] Die EU betonte während der Gespräche ausdrücklich, dass sie die Einhaltung der von ihr gegenüber den USA eingegangenen Verpflichtungen und die Abkehr von einem WTO-Verfahren gegen die USA aufgrund der Iran- und Kubasanktionen nicht nur davon abhängig mache, dass die USA die EU und deren Bürger von Title IV des *Helms-Burton Act* ausnehme, sondern auch davon, dass gegenüber EU-Bürgern und Unternehmen der *Iran-Libya Sanctions Act* nicht angewandt werde und es weiterhin beim Ausschluss des Title III des *Helms-Burton Act* bleibe.[255]

Wie dargestellt, haben sich die USA nicht an den vereinbarten gemeinsamen Standpunkt gehalten und weitere Sanktionen erlassen, die für Unternehmen außerhalb der USA zu beachten sind. Ferner ist – erneut entgegen den Ankündigungen der USA – weder eine dauerhafte, gesetzliche Nichtanwendungsregelung hinsichtlich des Title III des *Helms-Burton Act* verabschiedet, noch eine Befreiung vom Title IV des Gesetzes vom Kongress beschlossen worden.[256] Stattdessen bleibt es bis heute beim Ausschluss des Title III des Gesetzes durch eine alle sechs Monate zu erneuernde präsidiale Order.[257]

---

[254] Vgl. *Roy*, The „Understanding“ between the European Union and the United States over Investment in Cuba, University of Miami, Working Paper Series Vol. 2 No. 6, May 2002, 90.

[255] EU Unilateral Statement, May 18, 1998, in Teilen abgedruckt bei *Murphy*, United States Practice in International Law: Vol. 1, 1999–2001, 53; *Clark/Wang*, Foreign Sanctions Countermeasures and Other Responses to U.S. Extraterritorial Sanctions, http://www.nftc.org, 19.

[256] Damit verstoßen die USA auch gegen die Transatlantic Partnership on Political Cooperation (TPPC), vgl. European Commission, United States Barriers to Trade and Investment Report for 2008, abrufbar unter http://madb.europa.eu, 27.

[257] Zuletzt: Secretary's Determination of Six Months' Suspension under Title III of Libertad Act v. 15.7.2015; *Rennack/Sullivan*, Cuba Sanctions: Legislative Restrictions Limiting the Normalization of Relations, June 2015, 10.

D. Anti-Boykott-Verordnung der Europäischen Union als Schild?

Parallel zu den Versuchen, den Disput mit den USA auf diplomatischem Wege zu lösen, versuchte die EU, den Druck auf die USA zu erhöhen, und tat es anderen Staaten gleich, indem sie 1996 mit der Verordnung EG 2271/96[258], deren Grundlage die Gemeinsame Aktion 96/668/GASP ist, ein Abwehrgesetz gegen die Anwendung extraterritorialer Sanktionen innerhalb der EU erließ.[259] Die EU wollte die „Verordnung zum Schutz vor den Auswirkungen der extraterritorialen Anwendung in einem Drittland erlassener Rechtsakte sowie von darauf beruhenden oder sich daraus ergebenden Maßnahmen", die als Reaktion auf die Verabschiedung des *Helms-Burton Act* und des *Torricelli-Act* erlassen wurde, als eindeutiges Zeichen verstanden wissen, dass sie nicht länger gewillt ist, die Anwendung und Durchsetzung US-amerikanischer Sanktionen innerhalb des Territoriums der Europäischen Union zu dulden. Der damalige EU-Kommissar *van Miert* adressierte die Verabschiedung des *Helms-Burton Act* wie folgt:

> „This new U.S. legislation, which is a cause of grave concern to the EU, has considerable extraterritorial scope which the EU considers to be in conflict with both International Law and the U.S.' WTO commitments. They harm EU rights and interests in trade and investment in the countries targeted by this legislation, and in Europe we have had to arm ourselves with appropriate Blocking Legislation in order to protect our rights and interests."[260]

Die Verordnung ist als Abwehrgesetz konzipiert und wirkt den Folgen der extraterritorialen Anwendung fremder Sanktionsregelungen entgegen, soweit diese die Interessen von Personen im Sinne des Art. 11 der Verordnung beeinträchtigen. Die Verordnung hat damit eine ganz andere Stoßrichtung als das in § 7 der Außenwirtschaftsverordnung geregelte Boykott-Verbot. Letztere soll den Außenwirtschaftsverkehr schützen, erstere dagegen die am Wirtschaftsleben teilnehmenden Bürger und Unternehmen in der EU.[261]

---

[258] Verordnung (EG) Nr. 2271/96 v. 22. November 1996, Amtsblatt L 309 v. 29. 11. 1996, 1, zuletzt geändert durch Verordnung (EU) Nr. 37/2014 v. 15. Januar 2015, Amtsblatt L 18 v. 21. 1. 2014, 1.

[259] Deren Historie beschreibt *Huber*, The Helms-Burton Blocking Statute of the European Union, 20 Fordham Int'l L. Rev. 699, 699 f. (1996).

[260] Rede mit dem Titel „Transatlantic Relations and Competition Policy" v. 26. 11. 1996, abrufbar unter http://ec.europa.eu.

[261] Siehe auch *Arlt*, OFAC-Klauseln in Finanzierungsverträgen vor dem Hintergrund des Boykottverbots gem. § 7 AWV und der Blocking Statutes, ZIP 2015, 2202 (2204).

Der Anhang zu Art. 1 der Verordnung verweist auf US-amerikanische Rechtsakte mit Bezug zu Kuba und dem Iran, die nach dem vierten Erwägungsgrund in der Präambel der Verordnung durch ihre extraterritoriale Anwendung das Völkerrecht verletzen. Dies sind der *Cuban Democracy Act 1992*, der *Cuban Liberty and Democratic Solidarity Act of 1996* und Verordnungen, die auf letzterem Gesetz beruhen. Daneben wird als drittes der *Iran-Libya Sanctions Act of 1996* als Rechtsakt aufgeführt. Entscheidungen außergemeinschaftlicher Gerichte oder Verwaltungsbehörden, die den im Anhang der Verordnung aufgeführten Gesetzen und den darauf beruhenden oder sich daraus ergebenden Maßnahmen direkt oder indirekt Wirksamkeit verleihen, werden nicht anerkannt und sind innerhalb der EU nicht vollstreckbar, vgl. Art. 4 der Verordnung.

I. Anwendungsbereich der Verordnung

Während der persönliche Anwendungsbereich in Art. 11 der Verordnung geregelt ist, setzt Art. 1 i.V.m. Anhang 1 der Verordnung den sachlichen Anwendungsbereich fest. Nur wenn die unmittelbaren oder mittelbaren wirtschaftlichen oder finanziellen Interessen des Adressaten nach Art. 11 der Verordnung aufgrund eines im Anhang aufgeführten Rechtsakts oder durch darauf beruhende oder sich daraus ergebende Maßnahmen beeinträchtigt wurden, kann sich der Adressat auf den Schutz der Verordnung berufen und entsprechende Abwehrmaßnahmen seitens der Europäischen Kommission einfordern.

Anhang 1 der Verordnung umfasst jedoch nicht das gesamte extraterritoriale zur Anwendung kommende US-amerikanische Sanktionsregime gegen Kuba oder den Iran. Dem Wortlaut der Verordnung nach sind insbesondere der *CISADA* und nachfolgende Regelungswerke nicht von der Verordnung umfasst. Sofern die US-amerikanischen Behörden also auf deren Grundlage Maßnahmen erlassen, kann deren Befolgung von europäischen Adressaten nicht mit dem Hinweis auf die Verordnung abgewehrt werden.

II. Regelungsinhalt

1. Unterrichtungspflicht gegenüber der Europäischen Kommission gemäß Art. 2 der Verordnung

Art. 2 der Verordnung statuiert eine Unterrichtungspflicht. Ein in der EU ansässiges Unternehmen, das im Rahmen seiner Geschäftstätigkeit im Rechtsraum der Europäischen Union von den rechtswidrigen Bestimmungen der extraterritorial wirkenden US-amerikanischen Handelsbeschränkungen betroffen ist und unter Verweis auf diese US-amerikanischen Gesetze sanktioniert werden soll, hat die Europäische Kommission innerhalb von 30 Tagen zu unterrichten, wenn ihre wirtschaftlichen und/oder finanziellen Interessen durch die im Anhang der Verordnung aufgeführten Gesetze oder durch darauf beruhende oder sich daraus ergebende Maßnahmen beeinträchtigt werden. Ist die Europäische Kommission entsprechend informiert, kann diese ein Ersuchen zur Unterbreitung sachdienlicher Informationen stellen, sodass sie den Sachverhalt überprüfen und entsprechende Maßnahmen einleiten kann. Dies kann eine neue Frist in Gang setzen.

Die Bundesregierung hat zudem verlauten lassen, dass sie darüber hinaus empfiehlt, zumindest auch die Bundesregierung zu unterrichten.[262] Betroffene Unternehmen könnten sich an das Auswärtige Amt und an das Bundesministerium für Wirtschaft und Energie wenden.[263] Auch wenn die Bundesregierung in diesem Fall eine erste Bewertung der eingereichten Informationen vornähme, liegt die Zuständigkeit für eine Prüfung des Sachverhalts auf eine mögliche Verletzung der Verordnung weiterhin klar bei der Europäischen Kommission.

2. Schutz des Einzelnen durch die Verordnung gemäß Art. 4 und 5 der Verordnung

a) Grundsätzlicher Schutz

Die Verordnung stellt in Art. 4 klar, dass sämtliche Entscheidungen von außergemeinschaftlichen Gerichten oder Verwaltungsbehörden, die den im Anhang aufgeführten Gesetzen und den darauf beruhenden oder sich daraus ergebenden Maßnahmen direkt oder indirekt Wirksamkeit verleihen, von der EU nicht anerkannt werden und dort nicht vollstreckbar sind.

Verschärft wird die Regelung des Art. 4 der Verordnung durch deren Art. 5. Danach ist es Adressaten verboten, Forderungen oder Verboten, einschließlich Aufforderungen ausländischer Gerichte, die direkt oder indirekt auf den im Anhang aufgeführten Gesetzen oder den darauf beruhenden oder sich daraus ergebenden Maßnahmen beruhen, nachzukommen. Dabei sind sowohl die aktive als auch die bewusst passive Befolgung solcher Anordnungen, die direkt oder indirekt aus den im Anhang aufgeführten Gesetzen oder den darauf beruhenden oder sich daraus ergebenden Maßnahmen resultieren, verboten. Das schließt freiwillige Handlungen mit ein. Der Adressat ist also in jedem Fall zur Nichtbefolgung verpflichtet.

---

[262] Deutscher Bundestag, 18. Wahlperiode, BT Drucksache 18/4083, 3.2.2015, 5. Dass sich die Einschaltung der jeweiligen Regierung eines Mitgliedstaates für das Unternehmen lohnen kann, zeigt der BNP Paribas Fall, in welchem die Strafe für Sanktionsverstöße nach Medienberichten aufgrund der Intervention der französischen Regierung um US-Dollar 1 Milliarde gesenkt werden konnte, vgl. Deutscher Bundestag, 18. Wahlperiode, BT Drucksache 18/3966, 6.2.2015, 1.

[263] Ebenda. Im Jahre 2014 haben sich zwei juristische Personen an die Bundesregierung gewandt, siehe Auswirkungen von US-Sanktionen gegen Kuba, Aktuelle Mitteilung des Bundestages v. 20.4.2015.

b) Ausnahme

Art. 5 Abs. 2 der Verordnung enthält einen Ausnahmetatbestand von der Nichterfüllungspflicht für Härtefälle. Steht entweder eine schwere Schädigung von Interessen des Unternehmens oder der Gemeinschaft zu befürchten, so kann die Europäische Kommission die Befolgung der außergemeinschaftlichen Maßnahmen und Anordnungen ganz oder teilweise erlauben. Die Europäische Kommission kann diesbezügliche Genehmigungen erteilen, vgl. Art. 8 i.V.m. Art. 7 b) und Art. 5 der Verordnung. Ein eigenmächtiges Akzeptieren US-amerikanischer Sanktionen für den Verstoß gegen entsprechende Handelsbeschränkungen durch Unternehmen in der EU ist ohne Abstimmung mit der Europäischen Kommission von der Verordnung also nicht gedeckt.

3. Sanktionierung bei Nichtbefolgung gemäß Art. 9 der Verordnung

Die Verordnung ist verbindlich und gilt unmittelbar in jedem Mitgliedstaat. Eines gesonderten Umsetzungsaktes auf nationaler Ebene bedarf es nicht. Der in Art. 9 der Verordnung enthaltenen Verpflichtung der Mitgliedstaaten, für den Fall einer Zuwiderhandlung gegen einschlägige Vorschriften der Verordnung Sanktionen festzulegen, ist der Gesetzgeber nachgekommen. Nach § 82 Abs. 4 Außenwirtschaftsverordnung (AWV) handelt ordnungswidrig im Sinne des § 19 Abs. 4 S. 1 Nr. 1 des Außenwirtschaftsgesetzes (AWG), wer vorsätzlich oder fahrlässig entgegen Art. 5 Abs. 1 der Verordnung einer dort genannten Forderung oder einem dort genannten Verbot nachkommt. Zudem handelt ordnungswidrig nach § 81 Abs. 1 Nr. 1 AWG, wer sich entgegen § 7 AWV an fremden Boykotten[264] beteiligt.[265] Verstöße gegen die Unterlassungsverpflichtung aus Art. 5 Abs. 1 der Verordnung werden mit einem Bußgeld von bis zu EUR 500.000 geahndet. Daneben kann eine Unternehmensüberprüfung durch das Bundesamt für Wirtschaft und Ausfuhrkontrolle erfolgen, welches zur Sicherung der Einhaltung der rechtlichen Rahmenbedingungen weitere Exporte untersagen kann. Die Sanktionierung des Verstoßes gegen das Befolgungsverbots des Art. 5 Abs. 1 der Verordnung wirkt angesichts des Zwecks der Verordnung eher kontraproduktiv, setzt sie den Adressaten doch in das Dilemma, sich

---

[264] Den Begriff „Boykott“ bzw. „Boykotterklärung“ erläutern u. a. *Bieneck* in: Bieneck (Hrsg.), Handbuch Außenwirtschaftsrecht, § 29 Rn. 29; *Pfeil/Mertgen*, Compliance im Außenwirtschaftsrecht, 113 ff. und *Wagner* in: MüKo-StGB, Bd. 6/1, § 34 AWG Rn. 26.

[265] Wann eine derartige Beteiligung vorliegt, wird durch den Runderlass Außenwirtschaft 31/92 des Bundesministeriums für Wirtschaft und Energie v. 4. September 1992, BAnz. Nr. 177, 7849 konkretisiert. Dazu *Krumpholz*, Das Verbot von Boykott-Erklärungen. Die 24. Verordnung zur Änderung der Außenwirtschaftsverordnung, NJW 1993, 113. Die diesbezügliche Problematik für Kreditinstitute und Darlehensnehmer, die bei internationalen Finanzierungsverträgen teilweise mit vertraglichen Verpflichtungen konfrontiert sind, die auf OFAC-Klauseln zurückgehen und damit in den potentiellen Konflikt mit § 7 AWV und der Verordnung (EG) 2271/96 treten, erläutert *Arlt*, OFAC-Klauseln in finanzierungsverträgen vor dem Hintergrund des Boykottsverbots gem. § 7 AWV und der Blocking Statutes, ZIP 2015, 2202 (2202 ff.).

zwischen der Befolgung des ausländischen Sanktionsrechts oder des heimischen Rechts entscheiden zu müssen. Der Kern des Streits extraterritorialer Sanktionen wird damit auf die Teilnehmer am internationalen Wirtschaftsverkehr abgewälzt.

Die Eröffnung eines entsprechenden Bußgeldverfahrens, für dessen Durchführung in Deutschland das Hauptzollamt als Verwaltungsbehörde gemäß Art. 22 Abs. 3 AWG i.V.m. den Verfahrensvorschriften des Gesetzes über Ordnungswidrigkeiten zuständig ist[266], ist allerdings äußerst gering. Seit dem Jahre 2009 wurde anscheinend nur ein einziges Bußgeldverfahren wegen des Verdachts einer Ordnungswidrigkeit nach § 19 Abs. 4 S. 1 Nr. 1 und Abs. 6 AWG i.V.m. § 82 Abs. 4 AWV eingeleitet, welches anschließend zudem eingestellt wurde.[267] In Anbetracht der zahlreichen Fälle, in welchen deutsche Unternehmen den Sanktionsforderungen der USA nachgekommen sind, erstaunt dies. Es wäre zu überlegen, ob die nationale Umsetzung des Art. 9 der Verordnung überhaupt den von der Verordnung vorgegebenen Zweck erfüllen kann und tatsächlich „wirksam, verhältnismäßig und abschreckend“ ist.

4. Schadenersatzmöglichkeit gemäß Art. 6 der Verordnung

Art. 6 der Verordnung sieht als *clawback*-Vorschrift schließlich einen gemeinschaftsrechtlichen Anspruch auf Schadenersatz vor, nach dem alle Schäden, einschließlich der Rechtskosten, die einem Adressaten nach Art. 11 der Verordnung aufgrund der Anwendung der im Anhang aufgeführten Gesetze oder der darauf beruhenden oder sich daraus ergebenden Maßnahmen entstanden sind, ersatzfähig sind. Schuldner des Schadenersatzanspruches ist die natürliche oder juristische Person oder sonstige Stelle, die den Schaden verursacht hat, oder die Person, die in deren Auftrag handelt oder als Vermittler auftritt. Der Anspruch nach Art. 6 der Verordnung soll die ausländischen Maßnahmen neutralisieren und ist ein deutlicher Fingerzeig gegenüber den USA, dass die Europäische Union bereit ist, „zurückzuschlagen“.

Die gerichtliche Zuständigkeit richtet sich dabei gemäß Art. 6 Abs. 2 der Verordnung nach dem Brüsseler Übereinkommen vom 27. September 1968 über die gerichtliche Zuständigkeit und Vollstreckung gerichtlicher Entscheidungen in Zivil- und Handelssachen (Europäisches Gerichtsstands- und Vollstreckungsübereinkommen (EuGVÜ)) und speziell nach Teil II Abschnitte zwei bis sechs und Art. 57 Abs. 3 EuGVÜ. Entsprechende Verfahren sollen demnach in dem Gerichtsbezirk des Mitgliedsstaates stattfinden, in welchem die Person, die Stelle oder die Person, die in

[266] Die Ahndung von Ordnungswidrigkeiten erfolgt nicht bei allen 43 Hauptzollämtern. Auf Grundlage des § 12 Abs. 3 des Finanzverwaltungsgesetzes (FVG) wurde durch die Verordnung zur Übertragung von Zuständigkeiten auf Hauptzollämter für den Bereich mehrerer Hauptzollämter (HZAZustV) die Aufgabe bei insgesamt 18 Hauptzollämter zentralisiert, die jeweils die Ahndung für den Bereich anderer Hauptzollämter übernehmen.

[267] Vgl. Deutscher Bundestag, 18. Wahlperiode, BT Drucksache 18/4474, 26.3.2015, 3 und 4.

deren Auftrag handelt oder als Vermittler auftritt, Vermögenswerte besitzt.[268] Daneben tritt gemäß Art. 6 Abs. 3 der Verordnung die Möglichkeit der Beschlagnahme und des Verkaufs von Vermögenswerten des Schuldners im Einklang mit dem geltenden Recht.

Angesichts der Tatsache, dass bis heute – soweit ersichtlich – vor deutschen Gerichten kein Schadenersatzverfahren auf Basis des Art. 6 der Verordnung anhängig gemacht wurde, obwohl zahlreiche deutsche Unternehmen zum Adressat von teils horrenden Strafzahlungsforderungen aufgrund der Verletzung extraterritorial geltender US-amerikanischer Sanktionen gemacht wurden, scheint der „*clawback*"-Vorschrift allenfalls ein demonstrativer Abschreckungseffekt zuzukommen. Ihre Eignung, die US-amerikanischen Stellen von der Durchsetzung ihrer Sanktionen gegenüber deutschen Unternehmen abzuhalten, muss bezweifelt werden.

III. Kritik an der Verordnung

Die Verordnung wird ihrem Zweck, die Anwendung von US-amerikanischen Sanktionen innerhalb der Europäischen Union zu verhindern, offensichtlich nicht gerecht. Die USA ahnden auch weiterhin US-amerikanische Sanktionsverstöße von Unternehmen mit Sitz innerhalb der EU. Das liegt einmal daran, dass entgegen der Ansicht des OLG Frankfurt a.M.[269] die USA auch dann nicht von der Ahndung eines Sanktionsverstoßes absehen, wenn der Adressat darlegen kann, dass er zur Einhaltung der US-amerikanischen Regelung nationale Rechtspflichten verletzen müsste.[270] Vor allem ist aber der enge Anwendungsbereich der Verordnung verantwortlich zu machen, der die Erreichung der von ihr anvisierten Ziele in weite Ferne rückt. Schließlich ist auch die mangelnde nationale Durchsetzung der in der Verordnung verankerten Sanktionsmechanismen als Kritikpunkt zu nennen, welcher der Bedeutung der Verordnung im Wege steht.

---

[268] Weiterführend *Hess*, Der Binnenmarktprozess, JZ 1998, 1021 (1025), der die Erstreckung des Anwendungsbereiches der EuGVÜ auf das Verhältnis von Drittstaaten kritisiert und *Jayme/Kohler*, Europäisches Kollisionsrecht 1997 – Vergemeinschaftung durch „Säulenwechsel"?, IPRax 1997, 385 (391), die insbesondere für die Zulässigkeit einer sogenannten *clawback*-Bestimmung, wie sie in Art. 6 der Verordnung geregelt ist, den Nachweis der Völkerrechtswidrigkeit des in Frage stehenden Gesetzes verlangen.

[269] Siehe OLG Frankfurt a.M., Urteil v. 9.5.2011 – 23 U 30/10, BeckRS 2011, 16032. Das Gericht verweist in seiner Begründung insbesondere auf *Meng*, Extraterritoriale Jurisdiktion und US-amerikanische Sanktionsgesetzgebung, EuZW, 423 (423). Sich der Argumentation des Oberlandesgerichts anschließend *Wöhlert*, EU-Verordnungen genießen beim Einfrieren von Geldern gegenüber einer Exekutiv-Order des Präsidenten der USA Anwendungsvorrang, GWR 2011, 340 (341).

[270] So auch *Mayer/Albrecht*, Bankvertrag und Finanzsanktionen: Leistungsverweigerungsrecht bei drohendem Verstoß gegen US-Verordnungen?, WM 2015, 1226 (1229) mit Verweis auf die OFAC Richtlinien, wonach das OFAC im Rahmen der Ahnung unberücksichtigt lässt, ob das zu untersuchende Verhalten nach dem Recht eines anderen Staates rechtmäßig war.

1. Limitierter Anwendungsbereich

Nicht nur die jüngsten Änderungen der US-amerikanischen Außen- und Wirtschaftspolitik gegenüber Kuba und dem Iran zeigen, dass Sanktionsregime dem ständigen Wandel unterstehen. Während sich das US-amerikanische Sanktionssystem gegenüber dem Iran und Kuba seit 1996 zunächst stark ausgeweitet hat, soll es zukünftig wieder entschärft und sein Anwendungsbereich eingeschränkt werden.

Die Verordnung spiegelt diese Änderungen nicht wider, sondern nennt in ihrem Anhang seit ihrer Verabschiedung lediglich den *Cuban Democracy Act, den Cuban Liberty und Democratic Solidarity Act of 1996, den Iran-Libya Sanctions Act of 1996* und die *Cuba Assets Control Regulations* als ausländische Rechtsakte, deren extraterritoriale Durchsetzung innerhalb der Europäischen Union der Riegel vorgeschoben werden soll. Gegenüber anderen, nachfolgend verabschiedeten und ebenfalls extraterritorial zur Anwendung kommenden US-amerikanischen Handelsbeschränkungen, wie beispielsweise dem *CISADA*, gewährt die Verordnung keinen Schutz. Die USA können daher entsprechende Sanktionsverstöße von innerhalb der EU ansässigen Unternehmen auch weiterhin ahnden und sanktionieren.

Ein Schutz *de lege ferenda* vor US-amerikanischen Sanktionsgesetzen, die zeitlich nach den drei genannten Gesetzen erlassen worden sind, lässt sich kaum begründen, auch wenn sich die Verordnung zum Ziel gesetzt hat, umfassend vor extraterritorialen Sanktionen zu schützen und damit in ihrem Zweck von einer möglichst umfassenden Abwehrwirkung ausgeht, was zunächst dafür sprechen könnte, auch die Nachfolgeregelungen vom Schutzbereich der Verordnung umfasst zu sehen. Allerdings steht dieser Argumentation der unmissverständliche Wortlaut genauso entgegen wie die Tatsache, dass die Verordnung in den vergangenen Jahren mehrfach, wenn auch nur punktuell, geändert wurde. Der Gesetzgeber hätte im Rahmen dieser Änderungen leicht den Anhang um die nachfolgenden und vor allem ebenfalls extraterritorial wirkenden US-amerikanische Sanktionsakte ergänzen können. Die Europäische Kommission und vormals der Europäische Rat haben jedoch bis heute nicht von der in Art. 1 Abs. 2 der Verordnung verankerten Möglichkeit Gebrauch gemacht, den Anhang zu aktualisieren und die neuerlichen extraterritorial zur Anwendung kommenden Sanktionen aufzunehmen. Von der Einbeziehung des *CISADA*, *IFSR* und *ITSR* kann daher nicht ohne weiteres ausgegangen werden.[271]

Der von der Verordnung angestrebte Schutz vor den Auswirkungen der extraterritorialen Anwendung von einem Drittland erlassener Rechtsakte sowie der darauf beruhenden oder sich daraus ergebenden Maßnahmen wird daher nur äußerst eingeschränkt gewährt. Nur wenn die EU mit der politischen Entwicklung in den USA Schritt gehalten und ihren Anhang konsequent um die jüngste Sanktion ergänzt hätte, hätte sie der Verordnung den Stellenwert einräumen können, der ihr bei der Verabschiedung im Jahre 1996 zugedacht war.

---

[271] Siehe auch *Niestedt*, 50. Systematische Darstellung von Embargo- und Sanktionsmaßnahmen, in: Krenzler/Herrmann/Niestedt, EU-Außenwirtschafts- und Zollrecht, Rn. 63.

2. Verordnung verfehlt ihren Zweck als Abwehrgesetz

Die Systematik der Verordnung und die Fälle aus der Praxis zeigen zudem, dass die Europäische Kommission scheinbar nicht bereit ist, die in Europa ansässigen Unternehmen vor der Ansetzung von Sanktionen wegen des Verstoßes gegen US-amerikanische Handelsbeschränkungen absolut und umfassend zu schützen, selbst wenn diese der Europäischen Kommission gemäß Art. 2 der Verordnung angezeigt wurden.

a) Systematik der Verordnung

Die Verordnung ist kein umfassend schützendes Abwehrgesetz. Die in Art. 2 der Verordnung verankerte Meldepflicht hat überhaupt keine Abwehrfunktion und verpflichtet die Europäische Kommission insbesondere nicht, das betroffene Unternehmen auf die Meldung hin in ihrem Verfahren gegen die USA zu unterstützen bzw. das Unternehmen vor der Anordnung und Durchsetzung von Sanktionsmaßnahmen wegen der Verletzung US-amerikanischer Handelsbeschränkungen zu schützen.

Entsprechendes trifft auf Art. 4 der Verordnung zu. Dieser erklärt zwar, dass Entscheidungen oder Maßnahmen außergemeinschaftlicher Stellen, die auf den im Anhang I aufgeführten Rechtsakten beruhen, innerhalb der EU weder anerkannt, noch vollstreckt werden, und geht damit über die nationalstaatliche Regelung des § 328 ZPO, die allein von Urteilen spricht, hinaus. Das schützt den Adressaten einer entsprechenden Maßnahme aber erstens nicht vor deren Anordnung bzw. Durchsetzung – obwohl sich ein entsprechender Schutzzweck eventuell aus Art. 5 in Verbindung mit Art. 1 der Verordnung herleiten ließe, da die Verordnung sich zur Aufgabe gemacht hat „Schutz vor den *Auswirkungen* der extraterritorialen Anwendung der im Anhang aufgeführten Gesetze" zu leisten –, und greift zweitens angesichts des umfassenden und durchschlagenden US-amerikanischen Arsenals an Sanktionsmöglichkeiten zu kurz.

Auch scheint die Verordnung selbst davon auszugehen, dass sich deren Adressaten nicht an das Nichtbefolgungsgebot des Art. 5 halten und stattdessen auch ohne Genehmigung der Kommission der ausländischen Anordnung nachkommen. Dies wird neben der Verankerung der Strafvorschrift in Art. 9 der Verordnung gerade auch durch die in Art. 6 der Verordnung eingeräumte Schadenersatzmöglichkeit deutlich. Diese wäre gar nicht nötig, wenn die Adressaten entsprechender Anordnungen der USA durch die Verordnung ausreichend geschützt wären und diesen nicht Folge zu leisten brauchten.

b) Rechtskollision

Die in der EU ansässigen Adressaten US-amerikanischer Sanktionen sind verpflichtet, die Europäische Kommission zu unterrichten, sobald gegen sie Maßnahmen erlassen werden, die sie finanziell oder wirtschaftlich treffen, Art. 2. Die Europäische Kommission entscheidet dann nach Art. 5 Abs. 2 der Verordnung, ob dem Adressat ausnahmsweise genehmigt werden kann, der ausländischen Anordnung und deren Forderungen oder Verboten Folge zu leisten. Rechtfertigen die tatsächlichen Gegebenheiten eine entsprechende Ausnahme nicht, ist es dem Adressat nach Art. 5 Abs. 1 der Verordnung untersagt, aktiv oder durch bewusste Unterlassung entsprechenden Forderungen oder Verboten nachzukommen. Tut er dies doch, droht ihm die Eröffnung eines Bußgeldverfahrens auf Basis nationaler Vorschriften, die Art. 9 der Verordnung umsetzen.

Die Regelung ruft regelmäßig eine Kollision zwischen ausländischer und inländischer (Unterlassungs-)Anordnung hervor. Das US-amerikanische Sanktionsregime untersagt dem Normadressaten, bestimmte wirtschaftliche Handlungen mit dem Iran oder Kuba vorzunehmen, während die inländische Verbotsnorm wiederum die Beachtung dieser ausländischen Normen untersagt.[272] Der Normadressat hat sich zu entscheiden, welche Regelung er befolgen und welche er brechen will. Dies führt vor allem deshalb zu einem Dilemma für den Normadressaten, da die EU die bestehende Pflichtenkollision nicht zu Gunsten eines eindeutigen Geltungsvorrangs der europäischen Unterlassungspflicht gegenüber den USA auflöst, dies gegenüber den USA auch nicht klarstellt und schließlich die Unternehmen, die sich EU-gesetzeskonform verhalten (wollen) und ihr Verhalten gerade nicht an den Sanktionsnormen der USA ausrichten, in den sich anschließenden US-amerikanischen Verfahren nicht ausreichend und effektiv schützt.

Stattdessen werden die betroffenen Personen und Unternehmen gezwungen, einen offenen Konflikt mit den amerikanischen Behörden und Gerichten einzugehen, ohne dass sie auf zumindest diplomatische oder politische Unterstützung gegenüber den USA durch die Europäische Kommission vertrauen könnten.

c) Erfahrungen der Praxis

Die Praxis bestätigt dies. Es ist zu beobachten, dass Investigationen der USA in entsprechende Sanktionsverstöße seitens der Europäischen Kommission nicht etwa mit Verweis auf die Verordnung verurteilt werden oder seitens der Europäischen Kommission der Versuch unternommen wird, sich schützend vor die betroffenen Unternehmen zu stellen und die Anwendung der US-amerikanischen Sanktionen auf diplomatischer Ebene zu verhindern. Stattdessen vermitteln gerade die jüngsten Fälle aus der Bankenbranche, dass beispielsweise die in Deutschland ansässigen Unternehmen sich nicht auf die Verordnung als Abwehrgesetz verlassen können oder wollen, sondern es stattdessen vorziehen (müssen), den US-amerikanischen For-

---

[272] Siehe *Pelz*, We observe local law – Strafrechtskonflikte in internationalen Compliance-Programmen CCZ 2013, 234, 239 und *Niestedt*, 50. Systematische Darstellung von Embargo- und Sanktionsmaßnahmen, in: Krenzler/Herrmann/Niestedt, EU-Außenwirtschafts- und Zollrecht Rn. 63.

derungen nachzukommen, um Schlimmeres zu verhindern. Dazu nehmen sie sogar eine (in der Praxis scheinbar nur äußerst selten zur Anwendung kommende) Ordnungswidrigkeitsstrafe in Kauf.

E. Erklärungsversuch der Passivität der EU

Während die EU in der Öffentlichkeit klar signalisiert, dass sie sich nach wie vor gegen *„unilateral sanctions with extraterritorial effect"* stellt, *„as they can disturb the ongoing multilateral process"*[273], lässt sie ihren Worten keine Taten folgen. Die Verordnung (EG) 2271/96 ist nicht mehr als ein halbherziger Versuch, die USA in ihre Schranken zu weisen.[274]

Doch nicht nur die verstärkte Durchsetzung der US-amerikanischen Sanktionen in Europa gäbe der EU Anlass, die Gangart gegenüber den USA zu verschärfen. Trotz des gemeinsamen Memorandums haben die USA ihre Zusage einer gesetzlichen Festlegung der Nichtanwendung der Title III und IV des *Helms-Burton Act* bis heute nicht eingehalten. Angesichts der öffentlichen Ablehnung des US-amerikanischen Vorgehens erstaunt es, dass sich die EU bis heute weder dazu durchringen konnte, den politischen Druck gegenüber den USA, beispielsweise durch die neuerliche Initiierung eines WTO-Verfahrens, zu erhöhen, und die USA so an die von Präsident Clinton 1997 gemachten Zusagen[275], noch die in ihr ansässigen und handelnden Unternehmen auf Basis einer erweiterten und an die tatsächlichen Gegebenheiten angepassten Verordnung 2271/96 stärker vor der Durchsetzung US-amerikanischer Sanktionen zu schützen. Warum die EU die europäischen Unternehmen nicht besser vor der Durchsetzung extraterritorial wirkender Sanktionen schützt, ist nicht einfach zu beantworten. Seitens der Literatur wird vorgebracht[276], die EU ließe die Durchsetzung der US-amerikanischen Sanktionen auf dem Gebiet der EU gewähren, da sich die wirtschaftspolitischen Interessen der EU in den letzten Jahrzehnten geändert und sich denen der USA angenähert hätten. Das Argument überzeugt nicht.

I. Europäische Iranpolitik

Historisch betrachtet ist sicherlich richtig, dass sich die Wirtschaftspolitik der EU gegenüber dem Iran verändert hat, seitdem diese den Iran als Bedrohung für den

---

[273] Zitiert nach *Clark/Wang*, Foreign Sanctions Countermeasures and Other Responses to U.S. Extraterritorial Sanctions, http://www.nftc.org, 8.

[274] Ebenso *Ryngaert*, Jurisdiction in International Law, 469.

[275] Dass für die USA aufgrund ihrer expansiven und extraterritorialen Sanktionspolitik nach wie vor eine große Gefahr besteht, in weitere WTO-Verfahren verwickelt zu werden, sehen auch *Clark/Wang*, Foreign Sanctions Countermeasures and Other Responses to U.S. Extraterritorial Sanctions, http://www.nftc.org, 24 f.

[276] *O.V.*, Developments in the Law – Extraterritoriality, 124 Harv. L. Rev. 1226, 1252 ff. (2011).

Weltfrieden eingestuft hat. Während sie in den 1980er Jahren Unternehmen mit Sitz in Europa zu ermutigen versuchte, sich von extraterritorial wirkenden US-amerikanischen Sanktionen nicht einschüchtern zu lassen und stattdessen zu versuchen, den Platz von US-amerikanischen Unternehmen als Vertragspartner iranischer Unternehmen einzunehmen, ist sie dazu übergegangen, den Handel der europäischen Unternehmen mit dem Iran genauso streng zu reglementieren und zu überwachen, wie die USA dies für die in den USA ansässigen Wirtschaftsteilnehmer tun.

Nach anfänglicher Skepsis gegenüber dem Vorgehen der USA und der Zurückhaltung bei der Implementierung eigener Sanktionen gegen den Handel mit dem Iran hat die EU, im Einklang mit den Beschlüssen der UN, zwischenzeitlich ein umfassendes Sanktionsregime aufgestellt, das dem der USA ähnelt.[277] Wie die Ausarbeitung und Terminierung des Erlasses des *CISADA* Anfang der Jahrtausendwende zeigen, verfolgen die EU und die USA mit ihrer Iranpolitik die gleichen Ziele und arbeiten, was die Ausarbeitung und den Umfang von Sanktionen gegen den Iran angeht, oftmals Hand in Hand.[278] Beiden Systemen ist daran gelegen, die Bedrohung, die vom Iran für die Weltgemeinschaft ausgeht, mittels Sanktionen einzudämmen. Dieser Wandel spricht aber genau betrachtet nicht für ein Gewährenlassen der USA, sondern genau dagegen: Angesichts des EU-eigenen Sanktionsregimes besteht keine aufgezwungene Notwendigkeit, Verstöße gegen US-amerikanische Regelungen in Europa zu ahnden, um etwaige gemeinsame wirtschaftliche und politische Ziele zu erreichen.[279] Die EU kann diese selbst durchsetzen.

In Fällen, in denen das US-amerikanische Sanktionsregime weiter reicht als sein europäisches Pendant, konterkariert das Gewährenlassen der USA bei der Anwendung ihrer Sanktionen gegenüber natürlichen und juristischen Personen, die der Gerichtsbarkeit eines EU-Mitgliedstaates unterstehen, zudem sowohl die Politik als auch die Wertentscheidung der EU. Warum sollte die EU trotz eigener, differenzierter und detaillierter Sanktionsregelung die Durchsetzung anders ausgestalteter und vor allem über den Regelungsinhalt der eigenen Regelungen hinausschießender oder gegenüber den eigenen Zielen konträrer Sanktionsnormen erlauben?

---

[277] Die derzeit gültigen Sanktionsvorschriften der EU gegenüber dem Iran (Stand 15.3. 2016) sind auf http://eeas.europa.eu, 28 ff. aufgelistet. Hierzu auch *Katzman*, Iran Sanctions August 2015, 33 ff.; *ders.*, Iran Sanctions 2013, 35; *ders.*, Iran Sanctions 2010, 40 f.

[278] Vgl. *o. V.*, Developments in the Law – Extraterritoriality, 124 Harv. L. Rev. 1226, 1252 ff. (2011) und *Rensmann*, Extraterritoriale Exportkontrolle und Völkerrecht, AW-Prax 2011, 154 (155). Die zuletzt gemeinsam vereinbarte Lockerung der Iran-Sanktionen auf Basis des *Joint Comprehensive Plan of Action* machen dies ebenfalls deutlich.

[279] Die Mitgliedstaaten sind vielmehr selbst gewillt, das europäische Sanktionsregime gegenüber dem Iran durchzusetzen. Im Jahr 2013 hat das LG Mannheim beispielsweise mit Urteil v. 8. 10.2013, Az. 24 KLs 604 Js 14810/12, einen Deutsch-Iraner zu einer Gesamtfreiheitsstrafe von fünf Jahren und zu Wertersatz in Höhe von EUR 123.000 wegen mehrfacher Verstöße gegen das europäische Iranembargo verurteilt. Wegen des gleichen Vorwurfs wurden drei Täter mit Urteil v. 8. 11. 2013 durch das OLG Hamburg, Az. 3 – 1/13, im gleichen Jahr zu Gesamtfreiheitsstrafen von zwischen zwei Jahren und neun Monaten und vier Jahren sowie zu bis zu EUR 250.000 Wertersatz verurteilt.

Schließlich betont die EU seit den 1980er Jahren, dass sie die Ausdehnung ausländischen Rechts durch fremde Staaten auf natürliche und juristische Personen in fremden Territorium nicht hinnimmt. Die EU hält an dieser Einstellung nach wie vor fest. Weder die seitdem vollzogene Änderung der institutionellen Struktur der EU und das damit einhergehende geänderte internationale Selbstverständnis noch die engere Zusammenarbeit zwischen der EU und den USA auf dem Gebiet der Iran-Sanktionen konnte dies ändern.[280] Einmal hat die EU noch im Vorfeld der Abstimmungen zum *CISADA* im Jahre 2009 die USA darauf hingewiesen, es zu unterlassen

> „enacting legislation having an extraterritorial impact without prior consultation and agreement."[281]

Des Weiteren sieht die EU die Verordnung trotz der engen Zusammenarbeit mit den USA weder als aufgehoben noch als obsolet an. Im Gegenteil, wie die derzeit geplante Aktualisierung der Verordnung zeigt, gibt die Verordnung noch immer die politische Zielrichtung der EU wieder und lässt insbesondere den Erwägungsgrund Nr. 4 der Verordnung wonach

> „Gesetze, Verordnungen und anderen Rechtsakte [eines Drittlandes...] durch ihre extraterritoriale Anwendung das Völkerrecht [verletzen] und [...] die Verwirklichung der zuvor genannten Ziele [behindern]",

unverändert.[282] Trotz der Koordination der Sanktionspolitik gegenüber dem Iran mit den USA ist die EU also auch weiterhin von der Notwendigkeit der Verordnung überzeugt und fühlt sich auch weiterhin deren Zweck verpflichtet, die in der EU ansässigen Wirtschaftsteilnehmer vor der US-amerikanischen Einflussnahme zu schützen.

II. Europäische Kubapolitik

Das wirtschaftspolitische Argument verfängt noch weniger hinsichtlich der europäischen Wirtschaftspolitik in Bezug auf Kuba. Zwar mag ein Gleichklang hinsichtlich der diesbezüglichen Zielsetzung gegenüber dem Iran bestehen. In Bezug auf das wirtschaftspolitische Vorgehen gegenüber Kuba bestehen aber fundamentale Differenzen. Die EU hält Kuba bis heute nicht für ein Land, gegenüber welchem sie Handelsbeschränkungen auszusprechen hätte. Konsequenterweise hat sie daher bis heute zu keinem Zeitpunkt eigene wirtschaftliche Sanktionen gegen Kuba erlas-

---

[280] A.A. *o.V.*, Developments in the Law – Extraterritoriality, 124 Harv. L. Rev. 1226, 1256 (2011).

[281] Zitiert nach *o.V.*,Developments in the Law – Extraterritoriality, 124 Harv. L. Rev. 1226, 1254 Fn. 68 (2011).

[282] Vgl. den konsolidierten Gesetzgebungsvorschlag der Kommission v. 6.2.2015 zur Neufassung der Verordnung sowie deren Anhänge 1 bis 3, 2015/0027 (COD) und COM(2015) 48 final mit der die Verordnung (EG) 2271/96 neu kodifiziert werden soll.

sen.[283] Stattdessen hat die EU von jeher das Vorgehen der USA und deren Sanktionen gegenüber Kuba kritisiert. Im Zusammenhang mit der UN-Resolution für die Beendigung der US-amerikanischen Sanktionen gegenüber Kuba hat die EU stattdessen beispielsweise erst kürzlich wiederholt, dass sie

> „cannot accept the fact that unilateral measures imposed by the United States on specific countries limit the Union's economic and commercial relations with third countries – in this case Cuba."[284]

Die wirtschaftspolitischen Ziele der USA und der EU stehen sich in Bezug auf Kuba also diametral gegenüber. Während die EU den freien Handel mit Kuba proklamiert, setzten sich die USA bis zu ihrem jüngsten Politikwechsel für dessen starke Limitierung ein. Wenn aber schon die Sanktionierung Kubas offensichtlich nicht mit den wirtschaftspolitischen Zielen der EU vereinbar ist, dann muss dies erst recht für die Verfolgung von Verstößen gegen extraterritorial zur Anwendung kommende US-amerikanische Kuba-Sanktionen innerhalb der EU gelten. Wenn also zwischen der EU und den USA schon hinsichtlich der politischen Ziele der Außenwirtschaftspolitik keine Übereinstimmung erreicht werden kann, ist auch nicht ersichtlich, wieso die EU die (angemaßte) extraterritoriale Jurisdiktion der USA tolerieren sollte.

---

[283] Stattdessen bestand für den Zeitraum von 2003 bis 2005 allein eine Kontaktsperre zwischen hochrangigen kubanischen Politikern und der EU als Reaktion auf die Festnahme von 75 Dissidenten. Die Rücknahme dieser Kontaktsperre ist von der kubanischen Opposition scharf kritisiert worden, vgl. o.V., Castro kritisiert europäische „Heuchelei", Süddeutsche Zeitung, Artikel v. 17.5.2010.

[284] Necessity of Ending the Economic, Commercial, and Financial Embargo Imposed by the United States of America Against Cuba, Resolutions of the United Nations General Assembly, A/61/PV.50, 21 (Nov. 8, 2006).

F. Fazit

Die Verordnung in ihrer derzeitigen Form kann die USA nicht von der extraterritorialen Anwendung ihrer Sanktionen abhalten. Sofern ein Unternehmen im Rahmen seiner Tätigkeit gegen Handelsbestimmungen der USA, nicht aber solche der EU verstößt, indem es beispielsweise mit kubanischen Unternehmen entgegen den Regelungen der USA Handel betreibt, kann es sich derzeit nicht auf den von der Verordnung (EG) 2271/96 angedachten Schutz verlassen. Vielmehr droht die Ahndung des Verstoßes durch die USA, sofern diese Gerichtsgewalt gegenüber dem jeweiligen Unternehmen herstellen können. Im Falle eines Verstoßes gegen gleichlautende europäische und US-amerikanische Sanktionen droht dem Unternehmen sogar die Doppelbestrafung. Der Grundsatz „*ne bis in idem*" greift nicht.[285]

Der Verordnung (EG) 2271/96 kommt allenfalls Symbolcharakter zu. Dabei ist der Ansatz der Europäischen Kommission keinesfalls verfehlt. Es scheint vielmehr am politischen Willen der Europäischen Kommission zu fehlen, international agierende Unternehmen vollends gegen die Durchsetzung entsprechender Sanktionen zu schützen. Auf ein Einlenken der USA ist derzeit nicht zu hoffen. Im Gegenteil, im Zusammenhang mit dem Commerzbank-Verfahren hat beispielsweise U.S. Attorney of the District of Columbia *Machen* erklärt, die Ahndung von Sanktionsverstößen gegenüber im Ausland ansässigen Unternehmen unbeirrt aufrechtzuerhalten:

„Sanctions laws are designed to protect the national security of the United States and promote our foreign policy interests. Commerzbank undermined the integrity of our financial system and threatened our national security by hiding business they were doing with entities in Iran […]. Today's resolution demonstrates that there will be consequences when

[285] Das in Art. 103 Abs. 3 GG festgeschriebene Verbot der Doppelbestrafung erstreckt sich nur auf eine Verurteilung durch deutsche Gerichte. Eine erneute strafrechtliche Verfolgung von im Ausland abgeurteilten Taten durch deutsche Behörden ist damit nicht ausgeschlossen. Die Rechtsordnungen souveräner Staaten haben wegen des Grundsatzes der Gleichheit souveräner Staaten zunächst keinen wechselseitigen Einfluss aufeinander. Gegenüber den USA bestehen keine Abkommen zur Vermeidung von Doppelbestrafung, welches beispielsweise mit Art. 54 des Schengener Durchführungsübereinkommens vergleichbar wäre. Zwar sieht die *Double Jeopardy Clause* im 5. Zusatzartikel zur Verfassung der USA ein Verbot der Doppelbestrafung vor. Nach der *Dual Sovereignty Doctrine* des U.S. Supreme Court gilt diese jedoch nicht für Verurteilungen durch Gerichte anderer Länder, sodass grundsätzlich die Gefahr einer erneuten Bestrafung besteht. Zur Doktrin siehe *Adler*, Dual Sovereignty, Due Process, and Duplicative Punishment: A New Solution to an Old Problem, 124 Yale L. J. 450 (2014).

global banks try to profit from the benefits of the U.S. financial system without respecting our laws."[286]

International agierende Unternehmen mit Sitz in der EU müssen sich also auch zukünftig vorsehen. Für die Unternehmen bedeutet dies, dass sie ihre Außenwirtschaftstätigkeiten nach wie vor auch im Einklang mit US-amerikanischen Regelungen zu führen haben, was nicht nur durch die schier unüberschaubare Menge an Vorschriften erschwert wird, sondern gerade auch durch deren oftmals ungenauen Inhalt, der regelmäßig durch Erläuterungen der maßgeblichen Behörde präzisiert werden muss. Hinzu kommt, dass die entsprechenden Vorschriften in zahlreichen Gesetzen, Verordnungen und Erlassen verstreut sind und diese zudem regelmäßig angepasst und verändert werden. Dennoch, die Beachtung dieser Regelungen ist für diese Unternehmen zwingend, um sich vor der Verhängung drakonischer Strafen für Sanktionsverstöße durch die US-amerikanischen Behörden zu schützen. Auf die vom OLG Frankfurt a.M. rekurrierte Nachsicht der USA in Fällen, in denen diese bei Bestehen von entsprechenden Abwehrgesetzen davon absehen würden, bei Sanktionsverstößen Strafen zu verhängen, sollten sich die Unternehmen stattdessen nicht verlassen. Angesichts der jüngsten Konsequenz der Ahndung von Sanktionsverstößen auch gegenüber in der EU ansässigen Unternehmen durch die USA geht diese Ansicht an der Realität vorbei.

Die EU wäre gut beraten, die Probleme, die extraterritoriale US-amerikanische Sanktionen für hiesige Wirtschaftsteilnehmer schaffen, entschlossen anzugehen und mittels eines koordinierten Ansatzes eindeutig gegenüber den USA Position zu beziehen. Nur wenn die EU die Neufassung der Verordnung (EG) 2271/96 dem verschärften US-amerikanischen Sanktionsregime anpasst und gegenüber den USA im politischen Dialog eindeutig klarstellt, dass sie US-amerikanische Sanktionsverstoßverfahren gegen innerhalb der EU ansässige Unternehmen nicht mehr länger duldet, besteht überhaupt die Möglichkeit, der derzeitigen US-amerikanischen Praxis Einhalt zu gebieten und den Zielen der Verordnung gerecht zu werden.

Der Anstoß eines neuerlichen politischen Dialogs ist angesichts des US-amerikanischen Selbstverständnisses und der mittlerweile jahrzehntealten Praxis, extraterritorial wirkende Sanktionen auch gegenüber im Ausland ansässigen Unternehmen durchzusetzen, sicherlich kein leichtes Unterfangen. Aber vielleicht bietet sich bereits im Rahmen der derzeit umfassend geführten Verhandlungen über die Ausgestaltung des Freihandelsabkommens zwischen der EU und den USA die Gelegenheit das Thema zu behandeln und einer Lösung zuzuführen. Wünschenswert wäre dies allemal[287], zumal auch der Zeitpunkt für eine solche Diskussion günstig scheint. Die derzeitige US-amerikanische Regierung hat mit ihrem Kurswechsel im Bezug

[286] Siehe die Pressemitteilung des Department of Justice v. 12. 3. 2015, abrufbar unter http://www.justice.gov.

[287] So auch *Huck*, Extraterritorialität US-amerikanischen Rechts im Spannungsverhältnis zu nationalen, supranationalen und internationalen Rechtsordnungen, NJOZ 2015, 993 (997), der das Abkommen ansonsten für „unvollständig" hält.

auf den Iran und Kuba deutlich gemacht, dass sie bereit ist, ihre eingeschlagene Richtung zu überdenken. Hieran anknüpfend wäre gegenüber der US-amerikanischen Regierung deutlich zu machen, dass sich die EU klar gegen die Anwendung der US-amerikanischen Handelsbeschränkungen auf innerhalb der EU ansässige Unternehmen ausspricht. So haben die USA angesichts der EU-eigenen Sanktionsregelungen auch keinen Grund, ihre Sanktionen auf das europäische Territorium auszudehnen und sich damit in die politische Wertentscheidung der EU einzumischen. Es wäre in Erinnerung zu rufen, dass die USA extraterritorialen Sanktionen anderer Staaten und deren Befolgung durch US-amerikanische Unternehmen ebenfalls ablehnend gegenüber stehen, das Vorbringen der EU aus Sicht der USA also nachvollziehbar und legitim erscheinen dürfte. Ferner wäre darzulegen, dass es den internationalen Beziehungen sehr zuträglich wäre, wenn sich die USA schon im Rahmen der Normsetzung stärker an den Leitlinien des U.S. Supreme Courts[288], denen des Art. 7 der *New Yorker Regeln der International Law Association* (1972) sowie § 403 (2) (g) und (f) sowie (3) 2. Hs. des *Restatement* orientieren würden, die im Zusammenhang der Bestimmung des Jurisdiktionenvorrangs im Fall eines entsprechenden Konflikts die Möglichkeit der Rücksichtnahme auf das Regelungsinteresse anderer Staaten und die Konfliktträchtigkeit einer Regelung im Verhältnis zu anderen Saaten vorsehen.[289] Dies könnte die derzeitige Regierung und damit auch die US-amerikanische Legislative und Exekutive dazu bewegen, bestehende Sanktionen einzuschränken und vom Erlass etwaiger neuer extraterritorial wirkender Sanktionsregelungen abzusehen. Ziel muss es sein, auf diplomatischem Wege schon vor Normierung neuer extraterritorialer Regularien die entgegenstehenden Interessen der EU adressiert zu haben, sodass diese in den US-amerikanischen Normierungsprozess mit einfließen und neuerliche Jurisdiktionskonflikte vermieden werden können.[290]

Die EU sollte sich aber nicht allein auf einen US-amerikanischen Richtungswechsel verlassen, sondern täte gut daran, parallel zu der Intensivierung der diplomatischen Bemühungen der Verordnung (EG) 2271/96 endlich die Bedeutung zukommen lassen, die ihr ausweislich ihrer Zielsetzung zugedacht ist, und die Verordnung an die tatsächlichen Gegebenheiten anzupassen. Die derzeit geplante Änderung der Verordnung vermag dies nicht zu leisten, da sie es abermals versäumt, den Anhang I um die neuerlichen US-amerikanischen Sanktionen zu erweitern, sodass die Verordnung auch zukünftig ihren Zweck, den umfassenden Schutz vor der Durchsetzung ausländischer extraterritorialer Sanktionen innerhalb der EU – abgesehen von den bereits dargestellten weiteren Schwächen – nicht erfüllen können wird. Die Passivität der EU wiegt umso schwerer, da trotz des Abbaus vieler ex-

---

[288] In *Société Nationale Industrielle Aérospatiale v. United States District Court*, 482 U.S. 522 (1987) hat sich der U.S. Supreme Court für eine Interessenabwägung im Falle eines Jurisdiktionenkonflikts ausgesprochen.

[289] Vgl. *Ziegenhain*, Extraterritoriale Rechtsanwendung und die Bedeutung des Genuine-Link-Erfordernisses, 44; *v. Behr*, Multinationale Unternehmen und Exportkontrollen, 185 f.

[290] *v. Behr*, Multinationale Unternehmen und Exportkontrollen, 197.

traterritorialer Sanktionen im Zusammenhang mit Präsident Obamas Lockerung der Iran- und Kubapolitik ausländische Tochtergesellschaften US-amerikanischer Konzerne auch zukünftig den US-amerikanischen Handelsrestriktionen unterworfen bleiben. Aus Sicht der innerhalb der EU ansässigen Unternehmen wäre ein entsprechender effektiver Schutz vor US-amerikanischen Sanktionen daher auch nach dem jüngsten Kurswechsel der Sanktionspolitik der USA weiterhin nötig. Die EU sollte hier also dringend nachjustieren. Daneben wäre auch ein eindeutiges Signal der Politik an die hiesigen Unternehmen wünschenswert, dass die einzelnen Regierungen bereit sind, diese im Falle von US-amerikanischen Sanktionsverfahren stärker und vor allem öffentlich zu unterstützen.

Nur bei einem koordinierten und resoluten Handeln der EU besteht überhaupt die Möglichkeit, die hiesigen Unternehmen ausreichend vor der Durchführung US-amerikanischer Verfahren wegen eines Verstoßes gegen US-amerikanische Handelsbeschränkungen und der Leistung entsprechender Strafzahlungen zu schützen. Solange die EU nicht anfängt, transatlantische Probleme des internationalen Rechts auf politischer und juristischer Ebene konsequent zu lösen, anstatt diese zu Gunsten des politischen Imperativs zum eigenen Nachteil wegzuwischen, geraten international agierende Unternehmen weiterhin zwischen die Fronten der eigenen, nationalen Gesetzgebung und der der USA.[291] Ob sich die EU zu diesem Schritt durchringen kann, scheint wiederum keine Frage der juristischen Möglichkeit, sondern allein eine des politischen Willens zu sein.

[291] Hierzu auch *Ellicot*, Between a Rock and a Hard Place: How Multinational Companies Address Conflicts Between U.S. Sanctions and Foreign Blocking Measures, 27 Stetson L. Rev. 1365, 1365 (1998).

Literaturverzeichnis

Adler, Adam J.: Dual Sovereignty, Due Process, and Duplicative Punishment: A New Solution to an Old Problem, 124 Yale L. J. 450 (2014).

Adler, David B.: US-discovery und deutscher Patentverletzungsprozess, Berlin 2014.

– Schritt in Richtung Beilegung des deutsch-amerikanischen Justizkonflikts? – Zur geplanten Einschränkung des Totalvorbehalts gegenüber exterritorialer discovery-Anfragen US-amerikanischer Gerichte, IPRax 2015, 364.

Alexander, Richard G.: Iran and Libya Sanctions Act of 1996: Congress Exceeds Its Jurisdiction to Prescribe Law, 54 Wash. & Lee L. Rev. 1601 (1997).

Anderson, Alexandra L.: Good Grief! Iran Sanctions and the Expansion of American Corporate Liability for Non-U.S. Subsidiary Violations Under the Iran Threat Reduction and Syria Human Rights Act of 2012, 34 Nw. J. Int'l L. & Bus. 125 (2013).

Arlt, Roland: OFAC-Klauseln in Finanzierungsverträgen vor dem Hintergrund des Boykottsverbots gem. § 7 AWV und der Blocking Statutes, ZIP 2015, 2202.

Arnauld, Andreas von: Völkerrecht, 2. Auflage, München 2014.

Ashe, Daniel Patrick: The Lengthening Anti-Bribery Lasso of the United States: The Recent Extraterritorial Application of the U.S. Foreign Corrupt Practices Act, 73 Fordham L. Rev. 2897 (2004).

Atkins, Thomas/*Hübner*, Alexander: U.S. in sanctions talks with Commerzbank and Deutsche, Reuters, Artikel v. 8.7.2014.

Baetge, Dietmar: The Extraterritorial Reach of Antitrust Law between Legal Imperialism and Harmonious Coexistence – The Empagran Judgement of the U.S. Supreme Court from a European Perspective, in: Gottschalk, Eckhart/Michaels, Ralf/Ruhl, Giesela/von Hein, Jan (Hrsg.), Conflict of Laws in a Globalized World, Cambridge University Press 2007, 220.

Basedow, Jürgen: Das amerikanische Pipeline-Embargo vor Gericht, RabelsZ 47 (1983), 141.

– Wirtschaftskollisionsrecht – Theoretischer Versuch über die ordnungspolitischen Normen des Forumstaates, RabelsZ 52 (1988), 8.

– Weltkartellrecht, Tübingen 1998.

Bauer, Richard: Kuba und die USA rücken zusammen, Neue Zürcher Zeitung, Artikel v. 17.2. 2016.

Behr, Baron Nicolas von: Multinationale Unternehmen und Exportkontrollen, Frankfurt 1996.

Belfer Center for Science and International Affairs: Sanctions Against Iran: A Guide to Targets, Terms, and Timetables, June 2015.

Bhala, Raj: Fighting Iran with Trade Sanctions, 31 Ariz. J. Int'l & Comp. L. 251 (2014).

Bieneck, Klaus (Hrsg.): Handbuch Außenwirtschaftsrecht mit Kriegswaffenkontrollrecht, 2. Auflage, Köln 2005. (Zitiert: *Verfasser* in: Bieneck (Hrsg.), Handbuch Außenwirtschaftsrecht, § Rn.).

Boscariol, John W.: An Anatomy of a Cuban Pyjama Crisis: Reconsidering Blocking Legislation in Response To Extraterritorial Trade Measures of the United States, 30 Law & Pol'y Int'l. Bus. 439 (1999).

Bourque, Shari-Ellen: The Illegality of the Cuban Embargo in the Current International System, 13 B.U. Int'l L.J. 191 (1995).

Bowman, Gregory W.: A Prescription for Curing U.S. Export Controls, 97 Marq. L. Rev. 599 (2013).

Bucci, Dean: The Cuban Liberty and Democratic Solidarity Act of 1996 – Implications for NAFTA, 26 Ga. J. Int'l & Comp. L. 409 (1997).

Busby, J. Brett: Jurisdiction to Limit Third-Country Interaction with Sanctioned States: The Iran and Libya Sanctions and Helms-Burton Acts, 36 Colum. J. Transnat'l L. 621 (1998).

Busekist, Konstantin von/*Hein*, Oliver: Ein praktischer Compliance Standard in den USA? Eine Analyse von Prosecution Agreements mit dem Department of Justice, CCZ 2013, 185.

Buys, Cindy G.: United States Economic Sanctions: The Fairness of Targeting Persons from Third Countries, 17 B.U. Int'l L.J. 241 (1999).

Cain Jr., Jerry W.: Extraterritorial Application of the United States' Trade Embargo Against Cuba: The United Nations General Assembly's Call for an End to the U.S. Trade Embargo, 24 Ga. J. Int'l & Comp. L. 379 (1994).

Campbell, Kim: Helms-Burton: The Canadian View, 20 Hastings Int'l & Comp. L. Rev. 799 (1997).

Carter, Barry E.: International Economic Sanctions: Improving the Haphazard U.S. Legal Regime, 75 Calif. L. Rev. 1159 (1987).

Carter, Barry E./*Farha*, Ryan: Overview and Operations of U.S. Financial Sanctions, Including the Example of Iran, 44 Geo. J. Int'l L. 903 (2013).

Clark, Harry L.: Dealing with U.S. Extraterritorial Sanctions and Foreign Countermeasures, 25 U. Pa. J. Int'l Econ. L. 455 (2004).

Clark, Harry L./*Wang*, Lisa W.: Foreign Sanctions Countermeasures and Other Responses to U.S. Extraterritorial Sanctions, http://www.nftc.org, 5.

Cleveland, Sarah S.: Norm Internationalization and U.S. Economic Sanctions, 26 Yale J. Int'l L. 1, 56 f. (2001).

Cline, John D.: The President's Power to Seize Property in The Post-September 11 World: The International Emergency Economic Powers Act, 27 Champion 18 (2003).

Cohen-Tanugi, Laurent: The Extraterritorial Application of American Law: Myths and Realities, February 2015.

Coleman, Lynn R./*Graham*, Thomas R.: The Stars and Stripes Wherever: The Impact of Unilateral U.S. Economic Sanctions on the International Petroleum Industry, 35 Alta. L. Rev. 334 (1996).

Culvahouse Jr., Arthur B.: A Practical Guide to International Sanctions Law and Lore: Mamas, Don't let your Children Grow Up to Be Sanctions Lawyers, 32 Houston J. Int'l L. 587 (2010).

Daugirdas, Kristina/*Mortenson*, Julian D.: Contemporary Practice of the United States Relating to International Law, Am. J. Int'l L. 108, no. 4, 782 (2014).

Davidson, Nicholas: U.S. Secondary Sanctions: The U.K. and EU Response, 27 Stetson L. Rev. 1425 (1998).

Davis, Lance/*Engerman*, Stanley: History Lessons: Sanctions: Neither War nor Peace, 17 Journal of Economic Perspectives, 187 (2003).

De Boer, Thomas M./*Kotting*, R.: Der niederländische Richter und das US-Gasröhren-Embargo, IPRax 1984, 108.

Dinan, Donald R.: An Analysis of the United States-Cuba „Havana Club" Rum Case Before the World Trade Organization, 26 Fordham Int'l L. Rev. 337 (2002).

Dodge, William S.: The Helms-Burton Act and Transnational Legal Process, 20 Hastings Int'l & Comp. L. Rev. 713 (1997).

– Extraterritoriality and Conflict-of-Laws Theory: An Argument for Judicial Unilateralism, 39 Harv. Int'l L. J. 101 (1998).

Doehring, Karl: Völkerrecht, 2. Auflage, München 2004.

Ellicot, John: Between a Rock and a Hard Place: How Multinational Companies Address Conflicts Between U.S. Sanctions and Foreign Blocking Measures, 27 Stetson L. Rev. 1365 (1998).

Estelami, Hooman: A Study of Iran's Responses to U.S. Economic Sanctions, 3 Middle East Rev. Int'l Affs. 51 (1999).

Farrar, Quinton C.: U.S. Energy Sanctions and the Race to Prevent Iran from Acquiring Weapons of Mass Destruction, 79 Fordham L. Rev. 2347 (2014).

Feathers, Lori A.: Economic Sanctions and Their Effect on the Energy Industry, 36 Tex, Int'l L.J. 175 (2001).

Fitzgerald, Peter L.: Pierre Goes Online: Blacklisting and Secondary Boycotts in U.S. Trade Policy, 31 Vand. J. Transnat'l L. 1 (1998).

Gebauer, Martin: Kollisionsrechtliche Auswirkungen der US-amerikanischen Helms-Burton-Gesetzgebung, IPRax 1998, 145.

Geimer, Reinhold: Internationales Zivilprozessrecht, 7. Auflage, Köln 2014.

Glossop, Peter: Canada's Foreign Extraterritorial Measures Act and U.S. Restrictions on Trade with Cuba, 21 Int'l Law. 93 (1998).

Gordon, Joy: The U.S. Embargo Against Cuba and the Diplomatic Challenges to Extraterritoriality, The Fletcher Forum of World Affairs, 63 (2012).

Grabitz, Eberhard/*Hilf*, Meinhard/*Nettesheim*, Martin (Hrsg.): Das Recht der Europäischen Union, 55. Ergänzungslieferung 2015. (Zitiert: Verfasser in: Grabitz/Hilf/Nettesheim (Hrsg.), Das Recht der Europäischen Union, Art. Rn.).

Graves, Charles T.: Extraterritoriality and its Limits: The Iran and Libya Sanctions Act of 1996, 21 Hastings Int'l & Comp. L. Rev. 715 (1998).

Graves, Robert J./*Ganguli*, Indranil: Extraterritorial Application of the USA PATRIOT Act and Related Regimes: Issues for European Banks Operating in the United States, abrufbar unter http://www.jonesday.com/.

Greive, Martin: Iran-Geschäfte – Standard Chartered kauft sich frei, Die Welt, Artikel v. 15. 8. 2012.

Griessbach, Lothar: Der „Cuban Liberty and Democratic (Libertad) Act“ von 1996, RIW 1997, 275.

Gruson, Michael: The U.S. Jurisdiction Over Transfers of U.S. Dollars Between Foreigners and Over Ownership of U.S. Dollar Accounts in Foreign Banks, 2004 Colum. Bus. L. Rev. 721 (2004).

Heinemann, Andreas: Die Anwendbarkeit ausländischen Kartellrechts – Probleme der Qualifikation und der Anknüpfung im internationalen Kartellprivatrecht: Mélanges en l'honneur de Bernard Dutoit, Genf 2002, 115.

Hentzen, Matthias: US-amerikanische Exportkontrollen, Heidelberg 1988.

Herd, Julia P.: The Cuban Democracy Act: Another Extraterritorial Act That Won't Work, 20 Brookl. J. Int'l L. 397 (1994).

Herdegen, Matthias: Völkerrecht, 14. Auflage, München 2015.

– Internationales Wirtschaftsrecht, 10. Auflage, München 2014.

Hess, Burkhard: Der Binnenmarktprozess, JZ 1998, 1021.

Hoffman, William B.: How to Approach a New Office of Foreign Assets Sanctions Program, 27 Stetson L. Rev. 1413 (1988).

Hohmann, Harald: Angemessene Aussenhandelsfreiheit im Vergleich, Tübingen 2002.

Huber, Jürgen: The Helms-Burton Blocking Statute of the European Union, 20 Fordham Int'l L. Rev. 699 (1996).

Huck, Winfried: Extraterritorialität US-amerikanischen Rechts im Spannungsverhältnis zu nationalen, supranationalen und internationalen Rechtsordnungen, NJOZ 2015, 993.

– Die „United States Foreign Corrupt Practices Act Opinion Procedure“ des US-amerikanischen Department of Justice, RIW 2013, 344.

Ipsen, Knut: Völkerrecht, 6. Auflage, München 2014. (Zitiert: *Verfasser* in: Ipsen, Völkerrecht, S.).

Jayme, Erik/*Kohler*, Christian: Europäisches Kollisionsrecht 1997 – Vergemeinschaftung durch „Säulenwechsel“?, IPRax 1997, 385.

Jeffries, Trevor R.: The Cuban Democracy Act of 1992: A Rotten Carrot or a Broken Stick?, 16 Hous. J. Int'l L. 75 (1993).

Johnson, Luke: Explainer: Unpacking The Iran Sanctions, Radio Free Europe/Radio Liberty, Artikel v. 23. 3. 2015.

Juenger, Friedrich: The „Extraterritorial“ Application of American Antitrust Law and the New Foreign Relations Law Restatement, WuW 1990, 602.

Katzenstein, Suzanne: Dollar Unilateralism: The New Frontline of National Security, 90 Indiana L. J. 293 (2015).

Katzman, Kenneth: Iran Sanctions 2010.

– Iran Sanctions 2013.

– Iran Sanctions, August 2015.

Kershner, Isabel: Iran Deal Denounced by Netanyahu as ‚Historic Mistake‘, The New York Times, Artikel v. 14.7.2015.

Kline, Jennifer M.: When Comprehensive Falls Short: The Comprehensive Iran Sanctions, Accountability, and Divestment Act of 2010, 3 Geo. Mason J. Int'l Com. L. 219 (2011).

Krenzler, Horst/*Herrmann*, Christoph/*Niestedt*, Marian: EU-Außenwirtschafts- und Zollrecht, 5. Ergänzungslieferung, Januar 2015. (Zitiert: Verfasser, Titel, in: Krenzler/Herrmann/Niestedt, EU-Außenwirtschafts- und Zollrecht, Rn.).

Kress, Claus/*Herbst*, Jochen: Der Helms-Burton-Act aus völkerrechtlicher Sicht, RIW 1997, 630.

Krittie, Orde F.: Averting Catastrophe: Why the Nuclear Nonproliferation Treaty Is Losing Its Deterrence Capacity and How to Restore It, 28 Mich. J. Int'l L. 337 (2007).

Krumpholz, Ursina: Das Verbot von Boykott-Erklärungen. Die 24. Verordnung zur Änderung der Außenwirtschaftsverordnung, NJW 1993, 113.

Kuyper, Pieter J.: The European Community and the US Pipeline Embargo: Comments on Comments, GYIL 1984, 72.

Lau, Terence J.: Triggering Parent Company Liability Under United States Sanctions Regimes: The troubling Implications of Prohibiting Approval and Facilitation, 41 Am. Bus. L.J. 413 (2004).

Lee, Carol F./*Schwartz*, Felicia: President Obama Plans Historic Visit to Cuba in March, The Wall Street Journal, Artikel v. 18.2.2016.

Lohmann, Sascha: Minenfelder der US-Außenwirtschaftspolitik, SWP Aktuell, November 2014, 1.

Lowe, Alan V.: Blocking Extraterritorial Jurisdiction: The British Protection of Trading Interest Act, 1908, 75 Am. J. Int'l L. 257 (1982).

– Public International Law and the Conflict of Laws: the European Response to the United States Export Administration Regulations, 33 Int'l & Comp. L.Q. 515 (1984).

– US Extraterritorial Jurisdiction: The Helms Burton and D'Amato Acts, 46 Int'l & Comp. L.Q. 378 (1997).

Lowenfeld, Andreas: Congress and Cuba: The Helms-Burton Act, 90 Am. J. Int'l L. 419 (1996).

Lübnig, Thomas: Anmerkung zur 39. Verordnung zur Änderung der Außenwirtschaftsordnung vom 27.5.1997, WiB, 1997, 894.

Macaluso, Agnese: The Apparent Success of Iran Sanctions, The Hague Institute for Global Justice, Working Paper 2, August 2014, 1.

Malloy, Michael P.: Embargo Programs of the United States Treasury Department, 20 Colum. J. Transnat'l L. 485 (1982).

Manchak, Benjamin: Comprehensive Economic Sanctions, the Right to Development, and Constitutionally Impermissible Violations of International Law, 30 B.C. Third World L.J. 417 (2010).

Mankowski, Peter: Deutscher Versicherer und das US-Embargo gegen den Iran – ein kleines Lehrstück zu ausländischen Eingriffsnormen, RIW 2015, 405.

Marcus, Daniel: Soviet Pipeline Sanctions: the President's Authority to Impose Extraterritorial Controls, 15 Law & Pol'y Int'l Bus. 1163 (1983).

Marcuss, Stanley J.: Grist for the Litigation Mill in the U.S. Economic Sanctions Programs, 30 Law & Pol'y Int'l Bus. 501 (1999).

Mark, Gideon: RICO's Extraterritoriality, 50 Am. Bus. L. J. 543 (2013).

Mark, Jürgen/*Ziegenhain*, Hans-Jörg: Der Gerichtsstand des Vermögens im Spannungsfeld zwischen Völkerrecht und deutschem internationalen Prozessrecht, NJW 1992, 3062.

Martinek, Michael: Das uneingestandene Auswirkungsprinzip des EuGH zur extraterritorialen Anwendbarkeit der EG-Wettbewerbsregeln, IPRax 1989, 347.

Mashburn, Thomas M.: *Regan v. Wald*, The Supreme Court Defers to Presidential Authority of Foreign Policy by Upholding Travel Restrictions to Cuba, 15 Ga. J. Int'l & Comp. L. 83 (1985).

Matthews, David B.: Controlling the Exportation of Strategically-Sensitive Technology: The Extraterritorial Jurisdiction of the Multilateral Export Control Enhancement Amendments Act of 1988, 28 Colum. J. Transnat'l L. 747 (1990).

Mayer, Bernd R./*Albrecht*, Michael: Bankvertrag und Finanzsanktionen: Leistungsverweigerungsrecht bei drohendem Verstoß gegen US-Verordnungen?, WM 2015, 1226.

Mayer, Robert: Wachsendes Unbehagen über den Weltpolizisten, Basler Zeitung, Artikel v. 5. 7. 2014.

McGlone, William M./*Burton*, Michael L.: Economic Sanctions and Export Controls, 34 Int'l Law 383 (2000).

Meessen, Karl: Die New Yorker Resolution der International Law Association zu den völkerrechtlichen Grundsätzen des internationalen Kartellrechts, AWD 1972, 560.

– Kollisionsrecht der Zusammenschlußkontrolle, Baden-Baden 1984.

– Extraterritoriality of Export Control: A German Lawyer's Analysis of the Pipeline Case, 27 Ger. Y.B. Int'l L. 97 (1984).

– Conflicts of Jurisdiction under the New Restatement, 50 Law & Contemp. Probs. 47 (1987).

Mehle, Bastian/*Mehle*, Volkmar: Die notwendige Einhaltung von EU-Embargoregelungen durch Unternehmen mit Sitz in Drittstaaten, RIW 2015, 397.

Meier, Werner: Grenzüberschreitender Durchgriff in der Unternehmensgruppe nach US-amerikanischem Recht, Frankfurt a. M. 2000.

Meng, Werner: Neuere Entwicklungen im Streit um die Jurisdiktionshoheit der Staaten im Bereich der Wettbewerbsbeschränkungen, ZaöRV 1981, 469.

– Regeln über die Jurisdiktion der Staaten um amerikanischen *Restatement (Third) of Foreign Relations Law*, AöR 115 (1990), 156.

– Extraterritoriale Jurisdiktion im öffentlichen Wirtschaftsrecht, Heidelberg 1994.

– Extraterritoriale Jurisdiktion und US-amerikanische Sanktionsgesetzgebung, EuZW 1997, 424.

Mestmäcker, Ernst-Joachim: Staatliche Souveränität und offene Märkte, RabelsZ 52 (1988), 205.

Meyer, Jeffrey A.: Second Thoughts on Secondary Sanctions, 30 U. Pa. J. Int'l L. 905 (2009).

Morehead, Jere W./*Dismuke*, David A.: Export Control Policies and National Security: Protecting U.S. Interests in the New Millennium, 34 Tex. Int'l L. J. 173 (1999).

Münchener Kommentar zum Strafgesetzbuch, JGG (Auszug), Nebenstrafrecht, Band 6/1. (Zitiert: *Verfasser*, MüKo-StGB, Band 6/1, Gesetz, § Rn.).

Murphy, Sean D.: United States Practice in International Law: Vol. 1: 1999–2001, Cambridge 2002.

Mußler, Hanno: Commerzbank zahlt 1,5 Milliarden Dollar Strafe, Frankfurter Allgemeine Zeitung, Artikel v. 12. 3. 2015.

Nagel, Heinrich/*Gottwald*, Peter: Internationales Zivilprozessrecht, 6. Auflage, Köln 2007.

Neuhaus, Joseph E.: Power to Reverse Foreign Judgments: The British Clawback Statute Under International Law, 81 Colum. L. Rev. 1097 (1981).

Newcomb, Danforth: Non-U.S. Banks Are Target of Recent Economic Actions by U.S. Government, 125 Banking L. J. 468 (2008).

Nissen, Harck-Oluf: Der Helms-Burton Act vor der WTO, RIW 1999, 350.

o. V.: Mexico's Position Regarding the Helms-Burton Act and Cuba, 20 Hastings Int'l & Comp. L. Rev. 809 (1997).

o. V.: Castro kritisiert europäische „Heuchelei", Süddeutsche Zeitung, Artikel v. 17. 5. 2010.

o. V.: Developments in the Law – Extraterritoriality, 124 Harv. L. Rev. 1226 (2011).

Oyer, Harvey: The Extraterritorial Effects of U.S. Unilateral Trade Sanctions and Their Impact on U.S. Obligations under NAFTA, 11 Fla. J. Int'l L. 429 (1997).

Parrish, Austen L.: The Effects Test: Extraterritoriality's Fifth Business, 61 Vand. L. Rev. 1455 (2008).

– Reclaiming International Law from Extraterritoriality, 93 Minn. L. Rev. 815 (2009).

Pelz, Christian: We observe local law – Strafrechtskonflikte in internationalen Compliance-Programmen CCZ 2013, 234.

Pfeil, Julia/*Mertgen*, Bettina: Compliance im Außenwirtschaftsrecht, München 2016.

Piper, Nikolaus: BNP Paribas muss knapp neun Milliarden Dollar zahlen, Süddeutsche Zeitung, Artikel v. 1.7.2014.

Pollack, Kenneth M.: The Persian Puzzle: The Conflict Between Iran and America, New York 2004.

Propst, Stephen F.: Presidential Authority to Modify Economic Sanctions Against Cuba, A legal analysis prepared at the request of the Cuba Study Group and released in connection with a forum on U.S.-Cuba Relations at The Brookings Institution, 15 February 2011, Hogan Lovells, Februar 2011.

Rathbone, Meredith/*Jeydel*, Peter/*Lentz*, Amy: Sanctions, Sanctions Everywhere: Forging a Path through Complex Transnational Sanctions Laws, Georgetown Journal of International Law, 1056 (2013).

Razzano, Catherine L.: U.S. Economic Sanctions Laws: Practical Implications for European Companies, DAJV 2010, 128.

Reinmuth, Jens: Das U.S. Embargo gegen Kuba und Internationales Recht, Münster 2001.

Rennack, Dianne E./*Sullivan*, Mark P.: Cuba Sanctions: Legislative Restrictions Limiting the Normalization of Relations, June 2015, 1.

Rensmann, Thilo: Extraterritoriale Exportkontrolle und Völkerrecht, AW-Prax 2011, 154.

Rodman, Kenneth A.: Sanctions At Bay? Hegemonic Decline, Multinational Corporations, and U.S. Economic Sanctions Since the Pipeline Case, 49 Int'l Org. 105 (1995).

– Sanctions Beyond Borders, Multinational Corporations and U.S. Economic Statecraft, Oxford 2001.

Roy, Joaquin: The „Understanding" between the European Union and the United States over Investment in Cuba, University of Miami, Working Paper Series Vol. 2 No. 6, May 2002, 88.

Rübenstahl, Markus/*Boerger*, Björn: Der Foreign Corrupt Practices Act (FCPA) der USA (Teil 1), NZWiSt 2012, 401.

– Der Foreign Corrupt Practices Act (FCPA) der USA (Teil 2), NZWiSt 2013, 6.

– Der Foreign Corrupt Practices Act (FCPA) der USA (Teil 3), NZWiSt 2013, 124.

– Der Foreign Corrupt Practices Act (FCPA) der USA (Teil 4), NZWiSt 2013, 281.

– Der Foreign Corrupt Practices Act (FCPA) der USA (Teil 5), NZWiSt 2013, 367.

Rübenstahl, Markus/*Skoupil*, Christoph: Anforderungen der US-Behörden an Compliance-Programme nach dem FCPA und deren Auswirkungen auf die Strafverfolgung von Unternehmen – Modell für Deutschland, wistra 2013, 209.

Ryngaert, Cedric: Jurisdiction in International Law, Oxford 2008.

Schirmer, Michael: Die Konkretisierung des Auswirkungsprinzips im internationalen Kartellrecht, Berlin 1998.

Schmitz, Holger: Die Reform des Exportkontrollrechts in den USA und deren Auswirkung auf deutsche Unternehmen, GewA 2011, 431.

Schwartz, Felicia: American Flag Raised at U.S. Embassy in Havana, The Wall Street Journal, Artikel v. 14. 8. 2015.

Schwarze, Jürgen: Jurisdiktionenabgrenzung im Völkerrecht, Baden-Baden 1994.

Shambaugh, George E.: States, Firms and Power Successful Sanctions in United States Foreign Policy, New York 1999.

Sharma, Shivangi: Foreign Policy Ramifications of United States' Iran Policy, International Journal of Management and Social Sciences Research (IJMSSR), Volume 4, No. 4, 15 (April 2015).

– Evolution of U.S. Sanctions against Iran, International Journal of Management and Social Sciences Research (IJMSSR), Volume 4, No. 5, 115 (May 2015).

Smis, Stefaan/*Van der Borght*, Kim: The EU-U.S. Compromise on the Helms-Burton and D'Amato Acts, 93 Am. J. Int'l L. 227 (1993).

Snyder, Jeffrey L./*Agostini*, Stefano: New U.S. Legislation to Deter Investment in Cuba, 30 J.W.T. 37 (1996).

Spadoni, Paolo: Failed Sanctions: Why the U.S. Embargo against Cuba Could Never Work, Florida 2010.

Stein, Torsten/*Buttlar*, Christian von: Völkerrecht, 13. Auflage, München 2012.

Svantesson, Dan Jerker B.: A jurisprudential justification for extraterritoriality in (private) international law, 13 Santa Clara Journal of International Law 1 (2015).

Tietje, Christan (Hrsg.): Internationales Wirtschaftsrecht, 2. Auflage, Berlin 2015. (Zitiert: *Verfasser* in: Tietje (Hrsg.), Internationales Wirtschaftsrecht, S.).

Torbat, Akbar E.: Impacts of the US Trade and Financial Sanctions on Iran, The World Economy, Vol. 28, No. 3, 407 (2005).

Torrance, Kelly J.: Canada Leads on Opposing Iran Deal, The Weekly Standard, Artikel v. 14. 8. 2015.

Vagts, Detlev: The Pipeline Controversy: an American Viewpoint, 27 G.Y.I.L. 38 (1984).

Vernon, Raymond: Multinationals: No Strings Attached, 33 Foreign Policy 121, (1978).

Volkery, Carsten: Milliardenstrafe für die HSBC: Quittung für den Handel mit dem Feind, Der Spiegel, Artikel v. 11. 12. 2012.

Weida, Jason C.: Reaching Multinational Corporations: A New Model for Drafting Effective Economic Sanctions, 30 Vt. L. Rev. 303 (2006).

Weiss, Martin A.: Arab League Boycott of Israel (2013).

Welp, Cornelius: Die Rache der US-Behörden, Wirtschaftswoche, Artikel v. 5. 8. 2014.

Witte, Jan C.: Der US-amerikanische „Racketeer Influenced and Corrupt Organizations Act" (RICO-Act) und deutsche Unternehmen, Heidelberg 1998.

Wöhlert, Helge-Torsten: EU-Verordnungen genießen beim Einfrieren von Geldern gegenüber einer Exekutiv-Order des Präsidenten der USA Anwendungsvorrang, GWR 2011, 340.

Yoo, John: Federal Courts as Weapons of Foreign Policy: The Case of the Helms-Burton Act, 20 Hastings Int'l & Comp. L. Rev. 747 (1997).

Ziegenhain, Hans-Jörg: Extraterritoriale Rechtsanwendung und die Bedeutung des Genuine-Link-Erfordernisses, München 1992.

– Extraterritoriale Reichweite des US-amerikanischen und des reformierten deutschen Exportkontrollrechts, RIW 1993, 897.

Sachwortverzeichnis